INVENTAIRE
Ye1 5 719

ŒUVRES POÉTIQUES

DE

BOILEAU DESPRÉAUX.

ÉDITION CLASSIQUE

ACCOMPAGNÉE DE NOTES LITTÉRAIRES, PHILOLOGIQUES
ET HISTORIQUES, ET D'IMITATIONS
DES AUTEURS CLASSIQUES ANCIENS ET MODERNES

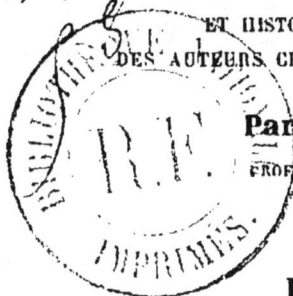

Par N. A. DUBOIS

PROFESSEUR DE L'UNIVERSITÉ.

I0167069

—

Le Lutrin.

—

PARIS.

IMPRIMERIE ET LIBRAIRIE CLASSIQUES

De JULES DELALAIN et FILS

RUE DES ÉCOLES, VIS-À-VIS DE LA SORBONNE.

Y+

LE LUTRIN.

Ye

15719

On trouve à la même librairie :

BOSSUET. Discours sur l'Histoire universelle, édition accompagnée de remarques et d'appréciations littéraires, par M. E. Lefranc; 1 vol. in-12.

BOSSUET. Oraisons funèbres, édition accompagnée de remarques et d'appréciations littéraires, par M. P. Allain; 1 vol. in-12.

FÉNELON. Aventures de Télémaque, édition accompagnée de remarques et d'appréciations littéraires, par M. P. Allain; 1 vol. in-12.

FÉNELON. Dialogues des Morts, édition accompagnée de notes et de remarques, par M. P. Longueville; 1 vol. in-12.

FÉNELON. Dialogues sur l'Éloquence, édition accompagnée de remarques et d'appréciations littéraires, par M. J. Girard; in-12.

FÉNELON. Lettre à l'Académie, édition accompagnée de remarques et d'appréciations littéraires, par M. A. Dubois; in-12.

FÉNELON. Sermon pour l'Épiphanie, édition accompagnée de remarques et d'appréciations littéraires, par M. Lebobe; in-12.

LA BRUYÈRE. Caractères, édition accompagnée de remarques et d'appréciations littéraires, par M. J. Helleu; 1 vol. in-12.

LA FONTAINE. Fables, édition accompagnée de remarques et d'appréciations littéraires, par M. Héguin de Guerle; 1 vol. in-12.

MASSILLON. Petit Carême, édition accompagnée de remarques et d'appréciations littéraires, par M. E. Lefranc; 1 vol. in-12.

MONTESQUIEU. Grandeur et décadence des Romains, édition accompagnée de remarques et d'appréciations littéraires, par M. P. Longueville; 1 vol. in-12.

PASCAL. Pensées, édition accompagnée de notes et de remarques, par M. Pr. Faugère; 1 vol. in-12.

ROUSSEAU (J. B.). Œuvres lyriques, édition accompagnée de remarques et d'appréciations littéraires, par M. E. Pessonneaux; 1 vol. in-12.

THÉATRE CLASSIQUE, contenant neuf pièces; édition accompagnée de remarques, d'analyses et d'appréciations littéraires, par MM. Dubois, Geoffroy, Lebobe, Longueville etc.; 1 fort vol. in-12.

VOLTAIRE. Histoire de Charles XII, édition accompagnée de remarques et d'appréciations littéraires, par M. J. Genouille; 1 vol. in-12.

VOLTAIRE. Siècle de Louis XIV, édition accompagnée de remarques et d'appréciations littéraires, par M. J. Genouille; 1 vol. in 12.

OEUVRES POÉTIQUES

DE

BOILEAU DESPRÉAUX.

ÉDITION CLASSIQUE

ACCOMPAGNÉE DE NOTES LITTÉRAIRES, PHILOLOGIQUES
ET HISTORIQUES, ET D'IMITATIONS
DES AUTEURS CLASSIQUES ANCIENS ET MODERNES

Par N. A. DUBOIS

ANCIEN PROFESSEUR DE L'UNIVERSITÉ.

BIBLIOTHÈQUE NATIONALE R.F. IMPRIMÉS

—

Le Lutrin.

—

6695

PARIS.

IMPRIMERIE ET LIBRAIRIE CLASSIQUES

De JULES DELALAIN et FILS

RUE DES ÉCOLES, VIS-A-VIS DE LA SORBONNE.

Les contrefacteurs ou débitants de contrefaçons seront poursuivis conformément aux lois; tous les exemplaires ront revétus de notre griffe.

1876.

LE LUTRIN

POEME HÉROÏ-COMIQUE.

AVIS AU LECTEUR.

1701.

Il serait inutile maintenant de nier que le poëme suivant a été composé à l'occasion d'un différend assez léger qui s'émut[1], dans une des plus célèbres églises de Paris, entre le trésorier et le chantre. Mais c'est tout ce qu'il y a de vrai. Le reste, depuis le commencement jusqu'à la fin, est une pure fiction : et tous les personnages y sont non-seulement inventés, mais j'ai eu soin même de les faire d'un caractère directement opposé au caractère de ceux qui desservent cette église, dont la plupart, et principalement les chanoines, sont tous gens, non-seulement d'une fort grande probité, mais de beaucoup d'esprit, et entre lesquels il y en a tel à qui je demanderais aussi volontiers son sentiment sur mes ouvrages qu'à beaucoup de messieurs de l'Académie. Il ne faut donc pas s'étonner si personne n'a été offensé de l'impression de ce poëme, puisqu'il n'y a, en effet, personne qui y soit véritablement attaqué. Un prodigue ne s'avise guère de s'offenser de voir rire d'un avare, ni un dévot de voir tourner en ridicule un libertin.

Je ne dirai point comment je fus engagé à travailler à cette bagatelle sur une espèce de défi qui me fut fait en riant par feu M. le premier président de Lamoignon, qui est celui que j'y peins sous le nom d'Ariste. Ce détail, à mon avis, n'est pas fort nécessaire. Mais je croirais me faire un trop grand tort si je laissais échapper cette occasion d'apprendre à ceux qui l'ignorent que ce grand personnage, durant sa vie, m'a honoré de son amitié. Je commençai à le connaître dans le temps que mes satires faisaient le plus de bruit; et l'accès

---

1. On dirait aujourd'hui *qui s'éleva.*

obligeant qu'il me donna dans son illustre maison fit avantageusement mon apologie contre ceux qui voulaient m'accuser alors de libertinage et de mauvaises mœurs. C'était un homme d'un savoir étonnant, et passionné admirateur de tous les bons livres de l'antiquité ; et c'est ce qui lui fit plus aisément souffrir mes ouvrages, où il crut entrevoir quelque goût des anciens. Comme sa piété était sincère, elle était aussi fort gaie, et n'avait rien d'embarrassant. Il ne s'effraya point du nom de satires que portaient ces ouvrages, où il ne vit, en effet, que des vers et des auteurs attaqués. Il me loua même plusieurs fois d'avoir purgé, pour ainsi dire, ce genre de poésie de la saleté[1] qui lui avait été jusqu'alors comme affectée. J'eus donc le bonheur de ne lui être pas désagréable. Il m'appela à tous ses plaisirs et à tous ses divertissements, c'est-à-dire à ses lectures et à ses promenades. Il me favorisa même quelquefois de sa plus étroite confidence, et me fit voir à fond son âme entière. Et que n'y vis-je point ! Quel trésor surprenant de probité et de justice ! quel fonds inépuisable de piété et de zèle ! Bien que sa vertu jetât un fort grand éclat au dehors, c'était tout autre chose au dedans ; et on voyait bien qu'il avait soin d'en tempérer les rayons, pour ne pas blesser les yeux d'un siècle aussi corrompu que le nôtre. Je fus sincèrement épris de tant de qualités admirables ; et s'il eut beaucoup de bonne volonté[2] pour moi, j'eus aussi pour lui une très-forte attache[3]. Les soins que je lui rendis ne furent mêlés d'aucune raison d'intérêt mercenaire ; et je songeai bien plus à profiter de sa conversation que de son crédit. Il mourut dans le temps que cette amitié était en son plus haut point ; et le souvenir de sa perte m'afflige encore tous les jours. Pourquoi faut-il que des hommes si dignes de vivre soient sitôt enlevés du monde, tandis que des misérables et des gens de rien arrivent à une extrême vieillesse ! Je ne m'étendrai pas davantage sur un sujet si triste : car je sens bien que, si je continuais à en parler, je ne pourrais m'empêcher de mouiller peut-être de larmes la préface d'un ouvrage de pure plaisanterie.

1. L'auteur aurait dû adoucir cette expression.
2. *Bonne volonté*, dans le sens du mot latin *benevolentia*.
3. On ne dit plus aujourd'hui *attache* pour *attachement*.

7.

ARGUMENT.

Le trésorier remplit la première dignité du chapitre dont il est ici parlé, et il officie avec toutes les marques de l'épiscopat. Le chantre remplit la seconde dignité. Il y avait autrefois dans le chœur, à la place de celui-ci, un énorme pupitre ou lutrin, qui le couvrait presque tout entier. Il le fit ôter. Le trésorier voulut le faire remettre. De là arriva une dispute, qui fait le sujet de ce poëme.

CHANT PREMIER[1].

Je chante les combats, et ce prélat terrible [2]
Qui, par ses longs travaux et sa force invincible,
Dans une illustre église [3] exerçant son grand cœur,
Fit placer à la fin un lutrin dans le chœur.
C'est en vain que le chantre [4], abusant d'un faux titre,   5
Deux fois l'en fit ôter par les mains du chapitre :
Ce prélat, sur le banc de son rival altier
Deux fois le reportant, l'en couvrit tout entier.

1. Années de la composition du *Lutrin*, d'après M. Berriat-Saint-Prix : les quatre premiers chants, de 1671 à 1674 ; âge de Boileau, de 35 à 38 ans. Les chants V et VI parurent en 1683 ; l'auteur avait alors 47 ans.

2. *Claude Auvry* qui, de 1646 à 1656, avait été évêque de Coutances ; il était devenu trésorier de la Sainte-Chapelle. Né à Paris, il y mourut âgé de plus de quatre-vingts ans, le 9 juillet 1687.

3. Les *fragments* imprimés en 1673, à la suite d'une plaisanterie de l'abbé de Marigny, intitulée *le Pain Bénit*, contiennent plusieurs variantes du *Lutrin*. Ici, au lieu de :

Dans une illustre église, etc.

les fragments portent :

Dans la Sainte-Chapelle, etc.

4. L'abbé *Jacques Barrin*, fils du maître des requêtes La Galissonnière. Un critique moderne, M. Berriat-Saint-Prix, qui a fait un relevé des *Erreurs* de Brossette, autre critique de Boileau, ne peut croire qu'il s'agisse ici de l'abbé Barrin, « homme de qualité, distingué dans l'épée et dans la robe, » comme l'appelle l'abbé Boileau dans une de ses lettres à Brossette.

Muse [1], redis-moi donc quelle ardeur de vengeance,
De ces hommes sacrés rompit l'intelligence,   10
Et troubla si longtemps deux célèbres rivaux :
Tant de fiel entre-t-il dans l'âme des dévots [2] !
   Et toi, fameux héros [3], dont la sage entremise
De ce schisme naissant débarrassa l'Église,
Viens d'un regard heureux animer mon projet,   15
Et garde-toi de rire en ce grave sujet.
   Parmi les doux plaisirs d'une paix fraternelle,
Paris voyait fleurir son antique chapelle :
Ses chanoines vermeils et brillants de santé
S'engraissaient d'une longue et sainte oisiveté ;   20
Sans sortir de leurs lits, plus doux que leurs hermines [4],
Ces pieux fainéants faisaient chanter matines [5],
Veillaient à bien dîner, et laissaient en leur lieu
A des chantres gagés le soin de louer Dieu :
Quand la Discorde [6], encor toute noire de crimes,   25
Sortant des Cordeliers [7] pour aller aux Minimes [8],

---

1.   Musa, mihi causas memora, etc.   (Virg., *Én.*, I, 12.)

et Homère :

     Ἄνδρα μοι ἔννεπε, Μοῦσα, etc.   (*Odyssée*, I, 1.)

2.   Tantæne animis cœlestibus iræ !   (Virg., *Én.*, I, 11.)

Cette exclamation sententieuse est appelée *épiphonème* en terme de rhétorique : ἐπιφώνημα, de ἐπί-φωνέω, je m'écrie.

3. Le premier président de *Lamoignon*, sur le défi duquel Boileau composa le *Lutrin*.

4. Pour aumusses en peau d'hermine. L'aumusse est la fourrure des chanoines, des chantres, etc., pour se couvrir la tête, et qu'ils portent au bras.

5. Première partie de l'office divin.

6. Suivant Homère, la Discorde est la sœur, la compagne inséparable du cruel dieu de la guerre; il nous la représente toujours en fureur. D'après Hésiode, elle était fille des ténèbres, et elle avait donné le jour au travail, à l'oubli, à la peste, aux combats et aux chagrins de toute espèce.

7. Les Cordeliers furent ainsi nommés parce qu'ils portaient une corde liée au bas des reins, en forme de ceinture. L'ordre religieux des Cordeliers fut institué par saint François d'Assise, dont la règle fut approuvée en 1223.

8. Ordre religieux institué par saint François de Paule, dont

Avec cet air hideux qui fait frémir la Paix [1],
S'arrêta près d'un arbre [2] au pied de son palais.
Là, d'un œil attentif contemplant son empire,
A l'aspect du tumulte elle-même s'admire.   30
Elle y voit par le coche et d'Évreux et du Mans [3]
Accourir à grands flots ses fidèles Normands :
Elle y voit aborder le marquis, la comtesse,
Le bourgeois, le manant [4], le clergé, la noblesse,
Et partout des plaideurs les escadrons épars   35
Faire autour de Thémis [5] flotter ses étendards.
Mais une église seule, à ses yeux immobile,
Garde au sein du tumulte une assiette tranquille ;
Elle seule la brave : elle seule aux procès
De ses paisibles murs veut défendre l'accès.   40
La Discorde, à l'aspect d'un calme qui l'offense,
Fait siffler ses serpents, s'excite à la vengeance :
Sa bouche se remplit d'un poison odieux,
Et de longs traits de feu lui sortent par les yeux.
    « Quoi ! dit-elle d'un ton qui fit trembler les vitres,   45
J'aurai pu jusqu'ici brouiller tous les chapitres [6],
Diviser Cordeliers, Carmes et Célestins [7],

les statuts furent approuvés en 1774. Paule, jolie ville de la Calabre, royaume de Naples.

1. *La Paix*, fille de Jupiter et de Thémis, et l'une des trois Heures.

2. C'était l'arbre que les clercs de la basoche plantaient tous les ans le 1er mai au pied du grand escalier du palais, derrière la Sainte-Chapelle, et que, pour cette raison, on appelait le *Mai*.

3. *Coche*, espèce de chariot couvert, non suspendu, qui servait jadis de voiture publique. — *Évreux*, chef-lieu du département de l'Eure. — *Le Mans*, chef-lieu du département de la Sarthe.

4. Habitant des champs, celui qui reste à la campagne (de *maneo*).

5. *Thémis*, déesse de la Justice, fille du Ciel et de la Terre. Thémis fut, dit-on, primitivement reine de Thessalie, et elle gouvernait avec tant d'équité, qu'après sa mort elle fut honorée comme déesse de la justice.

6. Corps de chanoines, communauté d'ecclésiastiques qui desservent une église cathédrale ou une église collégiale.

7. *Cordeliers*, voyez note 7 de la page 4. — *Carmes*, religieux qui tirent leur nom du mont Carmel en Palestine, au sud de Ptolémaïde. Jean, patriarche de Jérusalem, fut le fondateur de l'ordre

J'aurai fait soutenir un siége aux Augustins [1] :
Et cette église seule, à mes ordres rebelle,
Nourrira dans son sein une paix éternelle [2] !   50
Suis-je donc la Discorde ? et, parmi les mortels,
Qui voudra désormais encenser mes autels [3] ? »
     A ces mots, d'un bonnet couvrant sa tête énorme,
Elle prend d'un vieux chantre et la taille et la forme ;
Elle peint de bourgeons son visage guerrier,   55
Et s'en va de ce pas trouver le trésorier.
     Dans le réduit obscur d'une alcôve enfoncée [4]

des Carmes. Une seconde règle leur fut donnée vers 1209 par Albert,
depuis patriarche de la même cité. — *Célestins*, religieux de
l'ordre de saint Bernard, réformés en 1254 par Pierre de Moron
ou Mourrhon, élevé depuis à la papauté sous le nom de Célestin V.
Cette réforme fut approuvée en 1264.

1. Saint Augustin est le fondateur de cet ordre de religieux, qui,
après avoir été longtemps dans une sorte d'anarchie, adoptèrent
enfin une règle unique au milieu du treizième siècle. — Voici quelques détails sur le siège dont il est question ici : « Tous les deux
ans, les Augustins du grand couvent nommaient, en chapitre,
trois jeunes religieux pour faire leur licence en Sorbonne. L'an.
1658, le chapitre, au lieu de trois, en nomma neuf pour trois li-
cences consécutives. Le parlement cassa cette élection prématurée,
ordonna aux Augustins de procéder à une nomination plus régu-
lière, c'est-à-dire pour une seule licence, et, sur leur refus, en-
voya des archers pour les y contraindre. Les religieux se mettant
en défense sonnent le tocsin, tirent sur les archers, et sont pourtant, à la fin, forcés de capituler. On se demande des otages de
part et d'autre ; on convient que les assiégés auront la vie sauve ;
les commissaires du parlement entrent dans le monastère ; ils font
arrêter et conduire à la Conciergerie onze religieux, le 23 août.
1658. Mais vingt-sept jours après, le cardinal Mazarin met en
liberté les onze prisonniers, qui sont reconduits en triomphe, et
dans les carrosses du roi, à leur couvent. Leurs confrères vont
les recevoir en procession, des palmes à la main, sonnent toutes
les cloches et chantent le *Te Deum*. »

2. On est agréablement surpris d'entendre la Discorde tenir ici
le discours que tient Junon dans l'*Énéide*, et parler de cette querelle comme l'altière et impérieuse déesse parle de la fondation
de Troie et de sa haine contre Énée. (*Marmontel*.)

3.   Et quisquam numen Junonis adoret
             Præterea, aut supplex aris imponat honorem ?
                                      (Virg., *Én.*, I, 52.)

4. On a souvent cité ces vers admirables pour la justesse et le
fini de l'expression.

S'élève un lit de plume à grands frais amassée :
Quatre rideaux pompeux, par un double contour,
En défendent l'entrée à la clarté du jour.   60
Là, parmi les douceurs d'un tranquille silence,
Règne sur le duvet une heureuse indolence :
C'est là que le prélat, muni d'un déjeuner,
Dormant d'un léger somme, attendait le dîner.
La jeunesse en sa fleur brille sur son visage [1] :   65
Son menton sur son sein descend à triple étage :
Et son corps, ramassé dans sa courte grosseur,
Fait gémir les coussins sous sa molle épaisseur.

La déesse en entrant, qui voit la nappe mise,
Admire un si bel ordre et reconnaît l'Église;   70
Et, marchant à grands pas vers le lieu du repos,
Au prélat sommeillant elle adresse ces mots :
« Tu dors, prélat, tu dors [2] ! et là-haut, à ta place,
Le chantre aux yeux du chœur étale son audace,
Chante les *Oremus*, fait des processions,   75
Et répand à grands flots les bénédictions.
Tu dors ! Attends-tu donc que, sans bulle [3] et sans titre,
Il te ravisse encor le rochet et la mitre [4] ?
Sors de ce lit oiseux qui te tient attaché,

1. Portrait de fantaisie admirablement tracé par Boileau. Auvry,
le trésorier, était grand, vieux et maigre.
2. Dans l'*Iliade* d'Homère (liv. II, v. 23), le songe funeste qui
vient tromper Agamemnon de la part de Jupiter l'aborde en ces
termes : « Tu dors, fils du puissant et belliqueux Atrée! tu dors!
Convient-il qu'un chef, qu'un homme chargé de la destinée des
peuples, s'abandonne, la nuit tout entière, aux douceurs du sommeil! etc.... »
On connaît aussi le fameux :

Tu dors, Brutus, et Rome est dans les fers !

3. *Sans bulle*, sans autorisation. Une *bulle* est un rescrit du
pape; elle est scellée en plomb, et c'est du sceau que le rescrit
prend son nom : *bulle* vient du mot italien *bullare*, sceller avec
la *bulla*, qui représente, d'un côté, les visages de saint Pierre et
de saint Paul, et qui, de l'autre, porte le nom du pape et indique
l'année de son pontificat.
4. *Rochet*, sorte de surplis à manches étroites que portent les
évêques et d'autres ecclésiastiques. — *Mitre*, coiffure que les évêques et archevêques latins et grecs, et certains abbés dits mitrés,
portent dans les grandes cérémonies.

Et renonce au repos, ou bien à l'évêché. »　　　　　80
　Elle dit, et, du vent de sa bouche profane,
Lui souffle avec ces mots l'ardeur de la chicane.
Le prélat se réveille, et, plein d'émotion,
Lui donne toutefois la bénédiction.
　Tel qu'on voit un taureau qu'une guêpe en furie　　85
A piqué dans les flancs aux dépens de sa vie [1],
Le superbe animal, agité de tourments,
Exhale sa douleur en longs mugissements :
Tel le fougueux prélat, que ce songe épouvante,
Querelle en se levant et laquais et servante,　　　90
Et d'un juste courroux rallumant sa vigueur,
Même avant le dîner parle d'aller au chœur [2].
Le prudent Gilotin [3], son aumônier fidèle,
En vain par ses conseils sagement le rappelle :
Lui montre le péril ; que midi va sonner ;　　　　95
Qu'il va faire, s'il sort, refroidir le dîner.
　« Quelle fureur, dit-il, quel aveugle caprice,
Quand le dîner est prêt, vous appelle à l'office ?
De votre dignité soutenez mieux l'éclat :
Est-ce pour travailler que vous êtes prélat ?　　　100
A quoi bon ce dégoût et ce zèle inutile ?
Est-il donc pour jeûner quatre-temps ou vigile [4] ?
Reprenez vos esprits, et souvenez-vous bien
Qu'un dîner réchauffé ne valut jamais rien [5]. »
　Ainsi dit Gilotin ; et ce ministre sage　　　　105
Sur table au même instant fait servir le potage.
Le prélat voit la soupe, et, plein d'un saint respect,
Demeure quelque temps muet à cet aspect.
Il cède, il dîne enfin : mais, toujours plus farouche,

1. Les guêpes et les abeilles restent dans la torpeur et meurent souvent après avoir lancé leur dard ou aiguillon. *Emisso aculeo torpent*, dit Tite-Live. *Animasque in vulnere ponunt*, dit Virgile (*Géorg.* IV, 238).
2. Ce trait est charmant : aller au chœur *avant le dîner !*
3. Son véritable nom était *Guéronnet* ou *Gaironnet*. Dans la suite, le trésorier récompensa son zèle en lui donnant la cure de la Sainte-Chapelle.
4. *Vigile* (du latin *vigilia*), veille de certaines grandes fêtes, à la célébration desquelles on se prépare en veillant, en jeûnant, en priant.
5. Ce vers est devenu proverbe.

Les morceaux trop hâtés se pressent dans sa bouche[1].   110
Gilotin en gémit, et, sortant de fureur[2],
Chez tous ses partisans va semer la terreur.
  On voit courir chez lui leurs troupes éperdues,
Comme l'on voit marcher les bataillons de grues,
Quand le Pygmée altier[3], redoublant ses efforts,   115
De l'Hèbre ou du Strymon[4] vient d'occuper les bords.
A l'aspect imprévu de leur foule agréable,
Le prélat radouci veut se lever de table :
La couleur lui renaît, sa voix change de ton ;
Il fait par Gilotin rapporter un jambon.   120
Lui-même le premier, pour honorer la troupe,
D'un vin pur et vermeil il fait remplir sa coupe ;
Il l'avale d'un trait : et, chacun l'imitant,
La cruche au large ventre est vide en un instant.
Sitôt que du nectar[5] la troupe est abreuvée,   125

---

1. La sévérité de la syntaxe blâmerait cette forme elliptique *toujours plus farouche, les morceaux trop hâtés se pressent dans sa bouche.* Mais le trouble et la précipitation du personnage se manifestent on ne peut mieux dans ces mots qui semblent *se presser* sans liaison, comme *les morceaux se pressent* dans la bouche du prélat.

2. Pour *sortant furieux.*

3. Antithèse fort plaisante, quand on songe que, chez les Pygmées, peuple fabuleux, les hommes n'avaient qu'un pied de haut, et qu'ils s'avançaient au combat montés sur des perdrix ou sur des chèvres à la taille *haute* comme la leur. La reine des Pygmées, Gérana, fut changée en grue par Junon, pour avoir osé disputer à cette déesse le prix de la beauté. Aristote a fait mention d'*animalcules* qui naissent auprès du fleuve Hypanis ; ils ne sont autres que les Pygmées. Strabon (liv. II), Philostrate (Icon., liv. II, chap. 22) et l'Écriture sainte elle-même parlent souvent de ce peuple *plus que myrmidon.*

4. L'*Hèbre*, fleuve de l'ancienne Thrace, prenait sa source au mont Hémus (aujourd'hui *Emineh*, le *Balkan*, ou les *Balkans*), passait à Adrianopolis et se jetait dans la mer Égée : l'Hèbre est aujourd'hui la *Maritza*. — Le *Strymon*, fleuve de la Macédoine (Turquie d'Europe), la séparait de la Thrace, passait à Amphipolis (aujourd'hui *Emboli*) et avait son embouchure au golfe du même nom (aujourd'hui golfe de *Contessa*). Le Strymon s'appelle à présent *Strymona.*

5. *Nectar*, boisson des dieux, de νή négatif et κτάω, je fais mourir ; par métaphore, liqueur délicieuse. Le nectar était versé aux dieux d'abord par Hébé, fille de Junon et déesse de la jeunesse,

On dessert : et soudain, la nappe étant levée,
Le prélat, d'une voix conforme à son malheur,
Leur confie en ces mots sa trop juste douleur :
« Illustres compagnons de mes longues fatigues,
Qui m'avez soutenu par vos pieuses ligues,   130
Et par qui, maître enfin d'un chapitre insensé,
Seul à *Magnificat*[1] je me vois encensé :
Souffrirez-vous toujours qu'un orgueilleux m'outrage,
Que le chantre à vos yeux détruise votre ouvrage,
Usurpe tous mes droits, et, s'égalant à moi,   135
Donne à votre lutrin et le ton et la loi ?
Ce matin même encor, ce n'est point un mensonge,
Une divinité me l'a fait voir en songe :
L'insolent, s'emparant du fruit de mes travaux,
A prononcé pour moi le *Benedicat vos* !   140
Oui, pour mieux m'égorger il prend mes propres armes. »
    Le prélat, à ces mots, verse un torrent de larmes.
Il veut, mais vainement, poursuivre son discours ;
Ses sanglots redoublés en arrêtent le cours.
Le zélé Gilotin, qui prend part à sa gloire,   145
Pour lui rendre la voix fait rapporter à boire :
Quand Sidrac[2], à qui l'âge allonge le chemin,
Arrive dans la chambre, un bâton à la main.
Ce vieillard dans le chœur a déjà vu quatre âges[3] :
Il sait de tous les temps les différents usages :   150
Et son rare savoir, de simple marguillier,
L'éleva par degrés au rang de chevecier[4].
A l'aspect du prélat qui tombe en défaillance,

puis par Ganymède, enlevé par l'aigle de Jupiter, tandis que le jeune prince chassait sur le mont Ida, en Phrygie.

1. Allusion à la partie de l'office des vêpres dans laquelle on chante le *Magnificat*, psaume en l'honneur de la sainte Vierge.

2. *Sidrac* était le véritable nom d'un vieux chapelain-clerc de la Sainte-Chapelle.

3. Ce ne sont point des *âges d'homme*. Boileau veut dire seulement que Sidrac a vu quatre fois se renouveler le chapitre.

4. Les reliques étaient confiées aux soins du marguillier ; les chapes et la cire, à ceux du chevecier ou *chefcier*, c'est-à-dire porté le *premier* sur les tablettes *de cire*, où l'on inscrivait les noms des ecclésiastiques, dans l'ordre de leurs dignités. Le marguillier, autrefois *marreglier*, chargé d'administrer les deniers d'une église, tenait registre *matricule* des recettes et dépenses.

Il devine son mal, il se ride, il s'avance ;
Et d'un ton paternel réprimant ses douleurs :   155
   « Laisse au chantre, dit-il, la tristesse et les pleurs,
Prélat ; et, pour sauver tes droits et ton empire,
Écoute seulement ce que le ciel m'inspire.
Vers cet endroit du chœur où le chantre orgueilleux
Montre, assis à ta gauche, un front si sourcilleux,   160
Sur ce rang d'ais serrés qui forment sa clôture,
Fut jadis un lutrin d'inégale structure,
Dont les flancs élargis de leur vaste contour
Ombrageaient pleinement tous les lieux d'alentour.
Derrière ce lutrin, ainsi qu'au fond d'un antre,   165
A peine sur son banc on discernait le chantre :
Tandis qu'à l'autre banc le prélat radieux,
Découvert au grand jour, attirait tous les yeux.
Mais un démon, fatal à cette ample machine,
Soit qu'une main, la nuit, eût hâté sa ruine,   170
Soit qu'ainsi de tout temps l'ordonnât le destin,
Fit tomber à nos yeux le pupitre, un matin.
J'eus beau prendre le ciel et le chantre à partie ;
Il fallut l'emporter dans notre sacristie,
Où depuis trente hivers, sans gloire enseveli,   175
Il languit tout poudreux dans un honteux oubli.
Entends-moi donc, prélat. Dès que l'ombre tranquille
Viendra d'un crêpe noir envelopper la ville,
Il faut que trois de nous[1], sans tumulte et sans bruit,
Partent à la faveur de la naissante nuit,   180
Et, du lutrin rompu réunissant la masse,
Aillent d'un zèle[2] adroit le remettre en sa place.
C'est par là qu'un prélat signale sa vigueur.
Ne borne pas ta gloire à prier dans un chœur :
Ces vertus dans Aleth peuvent être en usage[3] ;   185
Mais dans Paris plaidons : c'est là notre partage.

   1. *D'entre nous* serait sinon plus poétique du moins plus correct.
   2. *D'un zèle* : cette tournure a vicilli ; on dirait, à présent : *avec un zèle*.
   3. Éloge aussi juste que mérité de Nicolas Pavillon, alors évêque d'Aleth, petite ville du département de l'Aude. Peu de temps après la publication du *Lutrin*, il mourut en 1677, à l'âge de quatre-vingts ans, et après trente-huit années d'un épiscopat illustré par toutes les vertus.

Tes bénédictions dans le trouble croissant,
Tu pourras les répandre et par vingt et par cent,
Et pour braver le chantre et son orgueil extrême,
Les répandre à ses yeux, et le bénir lui-même. »   190
   Ce discours aussitôt frappe tous les esprits ;
Et le prélat charmé l'approuve par des cris.
Il veut que sur-le-champ dans la troupe on choisisse
Les trois que Dieu destine à ce pieux office :
Mais chacun prétend part à cet illustre emploi.   195
« Le sort, dit le prélat, vous servira de loi [1] ;
Que l'on tire au billet ceux que l'on doit élire. »
Il dit, on obéit, on se presse d'écrire.
Aussitôt trente noms, sur le papier tracés,
Sont au fond d'un bonnet par billets entassés.   200
Pour tirer ces billets avec moins d'artifice,
Guillaume, enfant de chœur, prête sa main novice :
Son front nouveau tondu, symbole de candeur,
Rougit, en approchant, d'une honnête pudeur.
Cependant le prélat, l'œil au ciel, la main nue,   205
Bénit trois fois les noms et trois fois les remue.
Il tourne le bonnet : l'enfant tire, et Brontin [2]
Est le premier des noms qu'apporte le destin.
Le prélat en conçoit un favorable augure,
Et ce nom dans la troupe excite un doux murmure.   210
On se tait, et bientôt on voit paraître au jour
Le nom, le fameux nom du perruquier l'Amour [3].
Ce nouvel Adonis [4], à la blonde crinière,
Est l'unique souci d'Anne sa perruquière.
Ce perruquier superbe est l'effroi du quartier,   215
Et son courage est peint sur son visage altier.

---

   1. Imitation de l'*Iliade* d'Homère, liv. VIII, v. 171.
   2. Tout le monde est dans l'attente, et le vers s'arrête, suspendu, comme l'attention des spectateurs. Le véritable nom du personnage était Frontin, prêtre du diocèse de Chartres et sous-marguillier de la Sainte-Chapelle.
   3. *Didier l'Amour* demeurait dans la cour du palais ; il avait sa boutique sous l'escalier même de la Sainte-Chapelle ; il avait été témoin, et peut-être acteur, dans ces fameuses querelles.
   4. Adonis était un jeune homme d'une beauté parfaite, que Vénus transporta dans ses jardins de Cypre et de Syrie. Blessé par un sanglier qu'il poursuivait, il mourut et fut changé en anémone par Vénus.

Un des noms reste encor, et le prélat par grâce
Une dernière fois les brouille et les ressasse.
Chacun croit que son nom est le dernier des trois ;
Mais que ne dis-tu point, ô puissant porte-croix, 220
Boirude [1], sacristain, cher appui de ton maître,
Lorsqu'aux yeux du prélat tu vis ton nom paraître !
On dit que ton front jaune et ton teint sans couleur
Perdit en ce moment son antique pâleur,
Et que ton corps goutteux, plein d'une ardeur guerrière, 225
Pour sauter au plancher fit deux pas en arrière.
Chacun bénit tout haut l'arbitre des humains,
Qui remet le bon droit en de si bonnes mains.
Aussitôt on se lève, et l'assemblée en foule,
Avec un bruit confus, par les portes s'écoule. 230
    Le prélat, resté seul, calme un peu son dépit,
Et jusques au souper se couche et s'assoupit.

CHANT II.

Cependant cet oiseau qui prône les merveilles,
Ce monstre composé de bouches et d'oreilles [2],
Qui, sans cesse volant de climats en climats,
Dit partout ce qu'il sait et ce qu'il ne sait pas ;

1. *François Sirude* (ou mieux *Syreulde*), sous-marguillier, ou sous-sacristain de la Sainte-Chapelle. C'était lui qui, aux processions, portait ordinairement la croix ; il fut ensuite vicaire de la Sainte-Chapelle.

2. Voltaire, dans la *Henriade*, chant VIII, dit aussi en parlant de la Renommée :

> Ce monstre, composé d'yeux, de bouches, d'oreilles,
> Qui célèbre des rois la honte ou les merveilles ;
> Qui rassemble sous lui la curiosité,
> L'espoir, l'effroi, le doute et la crédulité.

Virgile avait dit *Én.*, IV, 181 :

> Quot sunt corpore plumæ,
> Tot vigiles oculi subter, mirabile dictu !
> Tot linguæ, totidem ora sonant, tot subrigit aures.

On peut voir encore Ovide, *Métamorphoses*, liv. II; Valérius

La Renommée enfin, cette prompte courrière,   5
Va d'un mortel effroi glacer la perruquière ;
Lui dit que son époux, d'un faux zèle conduit,
Pour placer un lutrin doit veiller cette nuit.
     A ce triste récit, tremblante, désolée,
Elle accourt, l'œil en feu, la tête échevelée.   10
Son époux s'en émeut, et son cœur éperdu
Entre deux passions demeure suspendu ;
Mais enfin, rappelant son audace première :
« Ma femme, lui dit-il d'une voix douce et fière,
Je ne veux point nier les solides bienfaits   15
Dont ton amour prodigue a comblé mes souhaits ;
Et le Rhin de ses flots ira grossir la Loire [1]
Avant que tes faveurs sortent de ma mémoire.
Mais ne présume pas qu'en te donnant ma foi,
L'hymen [2] m'ait pour jamais asservi sous ta loi.   20
Cesse donc à mes yeux d'étaler un vain titre :
Ne m'ôte pas l'honneur d'élever un pupitre ;
Et toi-même, donnant [3] un frein à tes désirs,
Raffermis ma vertu qu'ébranlent tes soupirs.
Que te dirai-je enfin ? c'est le ciel qui m'appelle.   25
Une église, un prélat m'engage en sa querelle.
Il faut partir : j'y cours ; dissipe tes douleurs,
Et ne me trouble plus par ces indignes pleurs. »
     Les ombres cependant, sur la ville épandues,
Du faîte des maisons descendent dans les rues [4],   30

Flaccus, *Argonautiques*, liv. II ; Jean-Baptiste Rousseau, liv. III, ode II.

1. *Le Rhin*, fleuve de l'Allemagne, prend sa source aux glaciers du mont Saint-Gothard ou Adula (pays des Grisons) : c'est le plus grand fleuve de l'Europe après le Danube et le Volga : il a environ trois cents lieues de cours. — *La Loire*, rivière de France, prend sa source au mont Gerbier-le-Joux (Cévennes), dans le département de l'Ardèche, et se jette dans l'océan Atlantique après un cours de plus de deux cents lieues.

2. *Hymen* ou *Hyménée* présidait au mariage : il était, dit-on, fils de Bacchus et de Vénus. C'est un jeune homme au front couronné de fleurs ; sa main droite tient un flambeau, sa gauche le voile nuptial.

3. On n'écrirait plus *donnant*, mais on dirait *mettant un frein*.

4.   Majoresque cadunt altis de montibus umbræ.
                (Virg., *Égl.*, 1, 83.) (Boileau.)

Le souper hors du chœur chasse les chapelains,
Et de chantres buvants les cabarets sont pleins.
Le redouté Brontin, que son devoir éveille,
Sort à l'instant, chargé d'une triple bouteille
D'un vin dont Gilotin, qui savait tout prévoir,   35
Au sortir du conseil, eut soin de le pourvoir.
L'odeur d'un jus si doux lui rend le faix moins rude :
Il est bientôt suivi du sacristain Boirude ;
Et tous deux, de ce pas, s'en vont avec chaleur
Du trop lent perruquier réveiller la valeur.   40
« Partons, lui dit Brontin [1] ; déjà le jour plus sombre,
Dans les eaux s'éteignant [2], va faire place à l'ombre.
D'où vient ce noir chagrin que je lis en tes yeux ?
Quoi ! le pardon sonnant [3] te retrouve en ces lieux !
Où donc est ce grand cœur, dont tantôt l'allégresse   45
Semblait du jour trop long accuser la paresse ?
Marche, et suis-nous du moins où l'honneur nous attend. »
Le perruquier, honteux, rougit en l'écoutant.
Aussitôt de longs clous il prend une poignée ;
Sur son épaule il charge une lourde coignée ;   50
Et derrière son dos, qui tremble sous le poids,
Il attache une scie en forme de carquois :
Il sort au même instant, il se met à leur tête.
A suivre ce grand chef l'un et l'autre s'apprête [4] :
Leur cœur semble allumé d'un zèle tout nouveau :   55
Brontin tient un maillet, et Boirude, un marteau.
La lune, qui du ciel voit leur démarche altière,

1. C'est Mercure qui, par l'ordre de Jupiter, vient presser de nouveau le départ d'Énée.

> Nate dea, potes hoc sub casu ducere somnos ?
> Deméns ! nec zephyros audis spirare secundos ?
> Eia, age, rumpe moras.   (Virg., Én., IV, 560.)

2. Le soleil semble se coucher dans la mer.

3. Ce sont les trois coups de cloche par lesquels on avertit les fidèles de réciter l'*Angelus*. Cet avertissement a lieu à six heures du matin, à midi et à six heures du soir. On l'appelle ou *Angelus*, à cause de la prière qu'on récite, ou *pardon*, à cause des indulgences qui y sont attachées.

4. En prose on mettrait plutôt *s'apprêtent*.

Retire en leur faveur sa paisible lumière [1].
La Discorde en sourit, et, les suivant des yeux,
De joie, en les voyant, pousse un cri dans les cieux.   60
L'air, qui gémit du cri de l'horrible déesse,
Va jusque dans Cîteaux [2] réveiller la Mollesse.
Quand la Nuit [3], qui déjà va tout envelopper,
D'un funeste récit vient encor la frapper ;
Lui conte du prélat l'entreprise nouvelle :   65
Au pied des murs sacrés d'une sainte chapelle,
Elle a vu trois guerriers, ennemis de la paix,
Marcher à la faveur de ses voiles épais :
La Discorde en ces lieux menace de s'accroître [4] ;
Demain avant l'aurore un lutrin va paraître,   70
Qui doit y soulever un peuple de mutins.
Ainsi le ciel l'écrit au livre des destins.
    A ce triste discours, qu'un long soupir achève,
La Mollesse, en pleurant, sur un bras se relève,
Ouvre un œil languissant, et, d'une faible voix,   75
Laisse tomber ces mots qu'elle interrompt vingt fois :
« O Nuit ! que m'as-tu dit ? quel démon sur la terre

1.   De ce mois malheureux l'inégale courrière
      Semblait cacher d'effroi sa tremblante lumière.

(Voltaire, *Henriade*, ch. II.)

Per incertam lunam sub luce maligna.

(Virg., *Én.*, VI, 270.)

2. Célèbre abbaye de Bernardins, dans le diocèse de Châlon-sur-Saône (Saône-et-Loire), fondée en 1098, et dont les statuts sont de 1107. Comme les religieux de Cîteaux n'avaient pas embrassé la réforme établie dans quelques maisons de leur ordre, Boileau suppose, dit Brossette, que la *Mollesse* fait son séjour dans un dortoir de leur couvent.

3. La *Nuit*, déesse des ténèbres, était fille du Chaos et sœur de l'Érèbe. Elle épousa l'Achéron, dont elle eut les trois furies Tisiphone, Alecto, Mégère.

4. On prononçait alors *s'accraître* en faveur de la rime. Madame Deshoulières a écrit :

Puisse durer, puisse *craître*, etc.

Mais ce qu'il y a de plus singulier, dit Marmontel (*Préface de la Henriade*), c'est que *paraître*, en faveur de qui on prononçait

Souffle dans tous les cœurs la fatigue et la guerre ?
Hélas ! qu'est devenu ce temps, cet heureux temps [1]
Où les rois s'honoraient du nom de fainéants [2],   80
S'endormaient sur le trône, et, me servant sans honte,
Laissaient leur sceptre aux mains ou d'un maire ou d'un .
Aucun soin n'approchait de leur paisible cour : [comte [3] ?
On reposait la nuit, on dormait tout le jour.
Seulement au printemps, quand Flore [4] dans les plaines 85
Faisait taire des vents les bruyantes haleines,
Quatre bœufs attelés, d'un pas tranquille et lent,
Promenaient dans Paris le monarque indolent.
Ce doux siècle n'est plus [5]. Le ciel impitoyable

s'accraître, changeait lui-même de prononciation en faveur de
cloître. Nous avons vu dans Boileau, épître IV :

> L'honneur et la vertu n'osèrent plus *paroître* :
> La piété chercha les déserts et le *cloître*.

1. Le discours de la Politique, dans la *Henriade* (chant IV), est
l'imitation fidèle de celui de la Mollesse. A peine la Politique a re-
connu la Discorde, qu'elle court dans ses bras ; et, après quelques mots de compliment :

> Je ne suis plus, dit-elle, en ces temps bienheureux
> Où les peuples séduits me présentaient leurs vœux,
> Où la crédule Europe, à mon pouvoir soumise,
> Confondait dans mes lois les lois de son Église.

Ce temps dura depuis la mort de Dagobert 1er, en 638, jusqu'à
la fin de la race mérovingienne, en 751.

2. Les rois de la fin de la première race, que l'histoire a flétris
de l'épithète de *fainéants*.

3. On sait de quelle autorité jouissaient les *maires du palais*
sous les rois de la première race, et comment ils finirent par usur-
per le pouvoir souverain dans la personne de Pépin Héristel. Le
comte était le second officier de la couronne, et rendait la justice
pour le roi.

4. *Flore*, déesse des fleurs et du printemps, eut pour époux
Zéphyre. Elle est représentée sous les traits d'une jeune fille ornée
de bouquets et de guirlandes, et tenant une corbeille de fleurs.

5. Voltaire, chant IV de la *Henriade*, fait dire à la Politique :

> Cet heureux temps n'est plus. Le sénat de la France
> Éteint presque en mes mains les foudres que je lance :
> Plein d'amour pour l'Église, et pour moi plein d'horreur,
> Il ôte aux nations le bandeau de l'erreur.

A placé sur leur trône un prince infatigable. 90
Il brave mes douceurs, il est sourd à ma voix :
Tous les jours, il m'éveille au bruit de ses exploits.
Rien ne peut arrêter sa vigilante audace :
L'été n'a point de feux, l'hiver n'a point de glace[1].
J'entends à son seul nom tous mes sujets frémir. 95
En vain deux fois la paix a voulu l'endormir :
Loin de moi son courage, entraîné par la gloire,
Ne se plaît qu'à courir de victoire en victoire.
Je me fatiguerais à te tracer le cours
Des outrages cruels qu'il me fait tous les jours[2]. 100
Je croyais, loin des lieux d'où ce prince m'exile,
Que l'Église du moins m'assurait un asile.
Mais en vain j'espérais y régner sans effroi :
Moines, abbés, prieurs, tout s'arme contre moi.
Par mon exil honteux la Trappe[3] est ennoblie ; 105
J'ai vu dans Saint-Denis[4] la réforme établie ;
Le Carme, le Feuillant[5], s'endurcit aux travaux ;
Et la règle déjà se remet dans Clairvaux[6].
Cîteaux[7] dormait encore, et la Sainte-Chapelle

1. Allusion à la première conquête de la Franche-Comté, dont Louis XIV se rendit maître en dix jours, au commencement de février 1668.

2. Tout ce morceau est cité par le grammairien Beauzée comme un exemple d'*astéisme*, figure de rhétorique par laquelle on déguise la louange ou la flatterie sous le voile du blâme.

3. La *Trappe*, abbaye de Saint-Bernard, située dans la commune de Soligny (Orne), fondée en 1140, supprimée en 1790, est aujourd'hui de nouveau florissante. L'abbé Armand Bouthillier de Rancé y avait établi la réforme.

4. Le cardinal de La Rochefoucauld, commissaire général pour la réforme des ordres religieux en France, établit en 1633 la réforme dans l'abbaye de Saint-Denis, qui date de 630 ou 632. Les caveaux de sa belle église gothique servent de sépulture aux rois de France depuis Dagobert Ier, son fondateur.

5. *Le Carme.* Voyez la note 7 de la page 5. — Les *Feuillants*, religieux de Cîteaux, furent réformés en 1577 par Jean de La Barrière, à l'abbaye de Feuillant, dans le diocèse de Rieux, à vingt-quatre kilomètres de Toulouse. En 1587, Henri III leur fit bâtir, à Paris, un couvent dans le voisinage des Tuileries.

6. Chef-lieu d'ordre des religieux de Cîteaux. Cette abbaye, fondée en 1115 par saint Bernard, est située dans une vallée du département de l'Aube.

7. *Cîteaux.* Voyez la note 2 de la page 16.

Conservait du vieux temps l'oisiveté fidèle :   110
Et voici qu'un lutrin, prêt à tout renverser,
D'un séjour si chéri vient encor me chasser !
Ah ! Nuit, ne permets pas.....» La Mollesse oppressée [1]
Dans sa bouche à ce mot sent sa langue glacée ;
Et, lasse de parler, succombant sous l'effort,   115
Soupire, étend les bras, ferme l'œil et s'endort.

CHANT III.

Mais la Nuit aussitôt de ses ailes affreuses [2]
Couvre des Bourguignons les campagnes vineuses [3],
Revole vers Paris, et, hâtant son retour,
Déjà de Montlhéry voit la fameuse tour [4].

1. Rapprochez de ce tableau le portrait de Valois, tracé par
Voltaire (*Henriade*, chant III) :

> Valois se réveilla du sein de son ivresse.
> Ce bruit, cet appareil, ce danger qui le presse,
> Ouvrirent un moment ses yeux appesantis.
> Mais du jour importun ses regards éblouis
> Ne distinguèrent point, au fort de la tempête,
> Les foudres menaçants qui grondaient sur sa tête.

2. *La Nuit.* Voyez la note 3 de la page 16.—*Affreuses* doit se
prendre ici dans le sens de son étymologie latine *ater*, noir.

> Nox atra cava circumvolat umbra.
>   (Virg., *Én.*, II , 360.)

3. *Vineuses*, c'est-à-dire fécondes en vin. L'Académie, il est
vrai, ne donne pas cette acception à l'adjectif *vineux*; mais il y
a plus d'un autre exemple de cette épithète employée dans le sens
que Boileau lui donne ici très-poétiquement.

4. *Montlhéry*, ou *Mont-Lehéry*, gros bourg de Seine-et-Oise,
ainsi nommé de son fondateur Létheric. La tour *fameuse* dont
parle ici Boileau faisait partie du château fort bâti à Montlhéry
par Thibaud, premier baron de Montmorency; assiégé dans la
suite, pris et ruiné par Louis le Gros, à l'exception de la tour,
dont il ne reste plus que des ruines. Montlhéry est célèbre encore
par la bataille sanglante qui s'y livra, en 1465, entre Louis XI et
le duc de Berry, son frère, secondé des ducs de Bourgogne et de
Bretagne.

Ses murs, dont le sommet se dérobe à la vue,   5
Sur la cime d'un roc s'allongent dans la nue,
Et, présentant de loin leur objet ennuyeux,
Du passant qui le fuit semblent suivre les yeux.
Mille oiseaux effrayants, mille corbeaux funèbres,
De ses murs désertés habitent les ténèbres.   10
Là, depuis trente hivers, un hibou retiré
Trouvait contre le jour un refuge assuré.
Des désastres fameux ce messager fidèle
Sait toujours des malheurs la première nouvelle,
Et, tout prêt d'en semer le présage odieux,   15
Il attendait la Nuit dans ces sauvages lieux.
Aux cris qu'à son abord vers le ciel il envoie,
Il rend tous ses voisins attristés de sa joie.
La plaintive Progné de douleur en frémit,
Et, dans les bois prochains, Philomèle[1] en gémit.   20
« Suis-moi, » lui dit la Nuit. L'oiseau, plein d'allégresse,
Reconnaît à ce ton la voix de sa maîtresse.
Il la suit; et tous deux, d'un cours précipité,
De Paris à l'instant abordent la cité :
Là, s'élançant d'un vol que le vent favorise,   25
Ils montent au sommet de la fatale église.
La Nuit baisse la vue, et, du haut du clocher,
Observe les guerriers, les regarde marcher[2].

1. *Progné* (ou *Procné*), *Philomèle*, filles de Pandion/Ier,
roi d'Athènes. Térée, roi de Thrace, épousa Progné; puis, quelque temps après, chargé de conduire Philomèle à sa sœur, il tenta
vainement de la séduire, lui arracha la langue, l'enferma et dit à
Progné que les bêtes farouches avaient dévoré sa sœur. Un an se
passe, les Orgies (fêtes de Bacchus) commencent. Philomèle a
tracé sur une vaste tapisserie son voyage et ses malheurs; elle lance
cet acte d'accusation aux bacchantes; bientôt Progné y jette les
yeux, tout est dévoilé. Philomèle sort de sa prison : un splendide
festin invite Térée à la joie ; un mets délicieux irrite son appétit,
provoque ses éloges. « A quel hôte des bois, des champs ou de
l'air ont appartenu ces chairs exquises? — A ton fils ! » s'écrie
Progné; puis, elle lui montre à la fois la tête sanglante d'Itys,
leur fils unique et la muette Philomèle. Les quatre héros de ce
drame de sang furent métamorphosés en oiseaux : Philomèle en
rossignol, Progné en hirondelle, Térée en huppe et Itys en char-
donneret. (Voyez Ovide, *Métamorphoses*, livres V et VI.)
2. Dans la poésie française surtout il faut éviter les vers léonins,
c'est-à-dire ceux dont le premier hémistiche rime (ne fût-ce que

Elle voit le barbier qui, d'une main légère,
Tient un verre de vin qui rit dans la fougère [1] ;   30
Et chacun tour à tour, s'inondant de ce jus,
Célébrer, en buvant, Gilotin et Bacchus [2].
« Ils triomphent, dit-elle, et leur âme abusée
Se promet dans mon ombre [3] une victoire aisée :
Mais allons ; il est temps qu'ils connaissent la Nuit. »   35
A ces mots, regardant le hibou qui la suit,
Elle perce les murs de la voûte sacrée ;
Jusqu'en la sacristie elle s'ouvre une entrée,
Et dans le ventre creux du pupitre fatal
Va placer de ce pas le sinistre animal.   40
    Mais les trois champions, pleins de vin et d'audace,
Du Palais cependant passent la grande place ;
Et, suivant de Bacchus les auspices sacrés,
De l'auguste chapelle ils montent les degrés.
Ils atteignaient déjà le superbe portique   45
Où Ribou le libraire [4], au fond de sa boutique,
Sous vingt fidèles clefs [5] garde et tient en dépôt

pour l'oreille) avec le second, comme le vers que nous signalons ici :

> Observe les guerriers, les regarde marcher.

On prétend que les vers léonins ont été la véritable source de la rime ; longtemps ils furent fort à la mode. On les appela léonins du nom d'un chanoine régulier de Saint-Victor qui se nommait Léon, et vivait sous les règnes de Louis le jeune et de Philippe Auguste.

1. On appelle *verres de fougère* ceux dans la composition desquels il entre du sel tiré de la cendre de fougère.

2. *Bacchus*, dieu du vin, fils de Jupiter et de Sémélé, naquit à Thèbes, en Béotie. Cicéron seul compte cinq Bacchus, et les mythologues en admettent huit en tout.

3. *Dans mon ombre*, pour à *la faveur de mon ombre*.

4. Boileau adresse en passant cette petite marque de souvenir au libraire *Jean Ribou*, en reconnaissance du zèle que ce libraire avait mis à publier et à répandre les sottises imprimées contre l'auteur du *Lutrin*, et entre autres la *Satire des Satires*, comédie de Boursault, dont Boileau eut le crédit d'empêcher la représentation.

5. Ici Boileau ne craint pas d'emprunter même à Chapelain, comme Virgile empruntait à Ennius. On lit, au chant VIII du poëme de Chapelain, ce vers que Boileau n'a pas dédaigné :

> Sous vingt fidèles clefs le saint vase est serré.

L'amas toujours entier des écrits de Haynaut [1] :
Quand Boirude, qui voit que le péril approche,
Les arrête, et, tirant un fusil [2] de sa poche,   50
Des veines d'un caillou, qu'il frappe au même instant,
Il fait jaillir un feu qui pétille en sortant :
Et bientôt, au brasier d'une mèche enflammée,
Montre, à l'aide du soufre, une cire allumée.
Cet astre tremblotant, dont le jour les conduit,   55
Est pour eux un soleil au milieu de la nuit.
Le temple à sa faveur est ouvert par Boirude :
Ils passent de la nef la vaste solitude,
Et dans la sacristie entrant, non sans terreur,
En percent jusqu'au fond la ténébreuse horreur.   60
     C'est là que du lutrin gît la machine énorme :
La troupe quelque temps en admire la forme.
Mais le barbier, qui tient les moments précieux [3] :
« Ce spectacle n'est pas pour amuser nos yeux,
Dit-il, le temps est cher : portons-le [4] dans le temple;   65
C'est là qu'il faut demain qu'un prélat le contemple. »
Et d'un bras, à ces mots, qui peut tout ébranler,
Lui-même, se courbant, s'apprête à le rouler.
Mais à peine il y touche, ô prodige incroyable [5] !
Que du pupitre sort une voix effroyable.   70
Brontin en est ému, le sacristain pâlit :
Le perruquier commence à regretter son lit.
Dans son hardi projet toutefois il s'obstine;

---

1. *Boursault* et *Perrault* avaient d'abord précédé *Haynaut* à la fin de ce vers ; mais, après s'être successivement réconcilié avec les deux premiers, Boileau fut obligé de s'en tenir à Haynaut, de la part duquel il n'y avait plus de réclamation à craindre ou de réconciliation à espérer; car Haynaut était mort depuis plusieurs années (en 1682).

2. *Fusil* signifiait d'abord une petite pièce d'acier avec laquelle on bat un caillou pour en tirer du feu; ce n'est que par extension qu'il désigna l'arme appelée fusil.

3. Ellipse : *regarde comme précieux, tient pour précieux.*

4. *Le* ne se rapporte ni à *spectacle*, ni moins encore à *temps*, mais bien au *lutrin*. Le perruquier ne pense qu'au *lutrin* et parle à deux hommes qui, comme lui, ne songent qu'au *lutrin* : pour eux *le* ne peut offrir d'équivoque, s'il en offre une bien légère pour le lecteur.

5. Virg., *Én.*, III, 39. (*Boileau.*)

Lorsque des flancs poudreux de la vaste machine
L'oiseau sort en courroux, et, d'un cri menaçant,   75
Achève d'étonner le barbier frémissant :
De ses ailes dans l'air secouant la poussière,
Dans la main de Boirude il éteint la lumière.
Les guerriers à ce coup demeurent confondus ;
Ils regagnent la nef, de frayeur éperdus :   80
Sous leurs corps tremblotants leurs genoux s'affaiblissent,
D'une subite horreur leurs cheveux se hérissent ;
Et bientôt, au travers des ombres de la nuit,
Le timide escadron se dissipe et s'enfuit.

   Ainsi lorsqu'en un coin, qui leur tient lieu d'asile,   85
D'écoliers libertins[1] une troupe indocile,
Loin des yeux d'un préfet[2] au travail assidu,
Va tenir quelquefois un brelan[3] défendu :
Si du veillant Argus[4] la figure effrayante
Dans l'ardeur du plaisir à leurs yeux se présente,   90
Le jeu cesse à l'instant, l'asile est déserté,
Et tout fuit à grands pas le tyran redouté.

   La Discorde, qui voit leur honteuse disgrâce,
Dans les airs cependant tonne, éclate, menace,
Et, malgré la frayeur dont les cœurs sont glacés,   95
S'apprête à réunir ses soldats dispersés.
Aussitôt de Sidrac elle emprunte l'image :
Elle ride son front, allonge son visage,
Sur un bâton noueux laisse courber son corps,
Dont la chicane semble animer les ressorts,   100
Prend un cierge en sa main, et d'une voix cassée,
Vient gourmander ainsi la troupe terrassée :
   « Lâches, où fuyez-vous[5] ? quelle peur vous abat ?
Aux cris d'un vil oiseau vous cédez sans combat !
Où sont ces beaux discours jadis si pleins d'audace ?   105

1. C'est-à-dire *indisciplinés*.
2. *Préfet*, dans le sens de *præfectus*, préposé à....
3. *Brelan*, jeu de trois, quatre ou cinq personnes qui prennent trois cartes chacune.
4. *Argus Panopte*, prince argien, fils d'Aristor, avait cent yeux, dont cinquante veillaient et cinquante dormaient tour à tour. Il fut tué par Mercure, qui parvint à l'endormir complétement. Ici, par antonomase, Argus signifie un gardien vigilant.
5. Il y a dans ce discours plusieurs imitations de l'*Iliade* (chant I, vers 254 ; chant VII, vers 124).

Craignez-vous d'un hibou l'impuissante grimace ?
Que feriez-vous, hélas ! si quelque exploit nouveau
Chaque jour, comme moi, vous traînait au barreau ?
S'il fallait, sans amis, briguant une audience,
D'un magistrat glacé soutenir la présence,   110
Ou, d'un nouveau procès hardi solliciteur,
Aborder sans argent un clerc de rapporteur ?
Croyez-moi, mes enfants, je vous parle à bon titre :
J'ai moi seul autrefois plaidé tout un chapitre,
Et le barreau n'a point de monstres si hagards,   115
Dont mon œil n'ait cent fois soutenu les regards.
Tous les jours, sans trembler, j'assiégeais leurs passages.
L'Église était alors fertile en grands courages [1] :
Le moindre d'entre nous, sans argent, sans appui,
Eût plaidé le prélat [2], et le chantre avec lui.   120
Le monde, de qui l'âge avance les ruines,
Ne peut plus enfanter de ces âmes divines [3] :
Mais que vos cœurs, du moins, imitant leurs vertus,
De l'aspect d'un hibou ne soient point abattus.
Songez quel déshonneur va souiller votre gloire,   125
Quand le chantre demain entendra sa victoire.
Vous verrez, tous les jours, le chanoine insolent,
Au seul mot de hibou, vous sourire en parlant.
Votre âme, à ce penser, de colère murmure :
Allez donc de ce pas en prévenir l'injure ;   130
Méritez les lauriers qui vous sont réservés,
Et ressouvenez-vous [4] quel prélat vous servez.

1. Le mot *courages* au pluriel a été fréquemment employé au
seizième siècle et dans la première moitié du dix-septième; mais il
y en a peu d'exemples postérieurs à ceux qui se trouvent dans
Boileau. En voici toutefois quelques-uns. — Ce grand prince
(Condé) calma les *courages* émus (Bossuet, *Oraison funèbre du
prince de Condé*).

> Soumettez-lui les fiers courages
> Des plus nobles peuples du Nord.
>
> (Gresset, *Ode au roi Stanislas.*)

Les grands *courages* ne se laissent point abattre par l'adversité.
(*Dictionnaire de l'Académie.*)

2. *Eût plaidé* (contre) *le prélat*. Ellipse qui ne serait plus
admise aujourd'hui.

3. *Iliade*, liv. I, discours de Nestor. (*Boileau.*)

4. Cette expression *ressouvenez-vous* ne serait plus poétique

Mais déjà la fureur dans vos yeux étincelle :
Marchez, courez, volez où l'honneur vous appelle.
Que le prélat, surpris d'un changement si prompt,   135
Apprenne la vengeance aussitôt que l'affront. »
   En achevant ces mots, la déesse guerrière
De son pied trace en l'air un sillon de lumière,
Rend aux trois champions leur intrépidité,
Et les laisse tout pleins de sa divinité.   140
   C'est ainsi, grand Condé, qu'en ce combat célèbre[1]
Où ton bras fit trembler le Rhin, l'Escaut et l'Èbre[2],
Lorsqu'aux plaines de Lens[3] nos bataillons poussés
Furent presque à tes yeux ouverts et renversés,
Ta valeur, arrêtant les troupes fugitives,   145
Rallia d'un regard leurs cohortes craintives,
Répandit dans leurs rangs ton esprit belliqueux
Et força la victoire à te suivre avec eux.
   La colère à l'instant succédant à la crainte,
Ils rallument le feu de leur bougie éteinte :   150
Ils rentrent ; l'oiseau sort : l'escadron raffermi
Rit du honteux départ d'un si faible ennemi.
Aussitôt dans le chœur la machine emportée
Est sur le banc du chantre à grand bruit remontée.

aujourd'hui : l'était-elle du temps de Boileau? il faut le croire
puisqu'il l'a employée. On dirait maintenant :

      Et rappelez-vous bien, etc.,

ou tout autre équivalent.

   1. La mémorable bataille de Lens livrée par le prince de Condé,
le 20 août 1648, contre les Espagnols et les Allemands. La victoire dont elle fut suivie inspira au poëte Sarrasin une ode où
l'on trouve plusieurs strophes fort remarquables.

   2. *Le Rhin*, voyez la note 1 de la page 14.—L'*Escaut* (*Scaldis*),
fleuve de la Belgique, se divise en deux branches, dont l'une, l'Escaut oriental, passe à Berg-op-Zoom, et l'autre, l'Escaut occidental,
passe à Flessingue; l'Escaut se jette dans la mer d'Allemagne. —
L'*Èbre* (*Iber, Iberus*), fleuve célèbre d'Espagne, prend sa source
aux monts de Santillana (Asturies), sépare la province de Burgos
de l'Alava et de la Navarre, passe à Calahorra, à Tudela, où il
devient navigable, et à Saragosse; il se jette dans la Méditerranée
près de Tortosa.

   3. *Lens*, petite ville de l'Artois (Pas-de-Calais), sur le ruisseau
de Souchez, cédée à la France par le traité des Pyrénées. Condé
y défit les Espagnols en 1648.

Ses ais demi-pourris, que l'âge a relâchés,   155
Sont à coups de maillet unis et rapprochés.
Sous les coups redoublés tous les bancs retentissent ;
Les murs en sont émus, les voûtes en mugissent,
Et l'orgue même en pousse un long gémissement.
  Que fais-tu, chantre, hélas ! dans ce triste moment ? 160
Tu dors d'un profond somme [1], et ton cœur sans alarmes
Ne sait pas qu'on bâtit l'instrument de tes larmes !
Oh ! que si quelque bruit, par un heureux réveil,
T'annonçait du lutrin le funeste appareil,
Avant que de souffrir qu'on en posât la masse,   165
Tu viendrais en apôtre [2] expirer dans ta place ;
Et, martyr [3] glorieux d'un point d'honneur nouveau,
Offrir ton corps aux clous et ta tête au marteau.
  Mais déjà sur ton banc la machine enclavée
Est, durant ton sommeil, à ta honte élevée.   170
Le sacristain achève en deux coups de rabot,
Et le pupitre enfin tourne sur son pivot.

CHANT IV.

Les cloches dans les airs, de leurs voix argentines,
Appelaient à grand bruit les chantres à matines,
Quand leur chef [4], agité d'un sommeil effrayant,
Encor tout en sueur, se réveille en criant.
Aux élans redoublés de sa voix douloureuse,   5

---

  1. Il n'est pas indifférent, comme Le Brun le remarque avec
goût, que l'épithète précède ou suive le substantif : on sent ici tout
ce qu'a de comique le mot *somme* venant après *profond* ; le réveil
doit être *terrible* : il faut donc que le mot *somme*, l'idée princi-
pale, soit placé le dernier pour arrêter l'esprit du lecteur et faire
image.
  2. *En apôtre*, avec l'intrépidité d'un apôtre : ἀπόστολος, en-
voyé, député (ἀπό, de, στέλλω, j'envoie).
  3. *Martyr*, de μάρτυρ, témoin, parce que les *martyrs* (apôtres,
disciples de Jésus-Christ, ou premiers successeurs des premiers
chrétiens) attestaient la vie, les miracles, la mort et la résurrec-
tion du Fils de Dieu, et donnaient leur vie pour confirmer la vérité de leur *témoignage*.
  4. Le grand chantre, *Jacques Barrin*.

Tous ses valets tremblants quittent la plume oiseuse :
Le vigilant Girot [1] court à lui le premier.
C'est d'un maître si saint le plus digne officier ;
La porte dans le chœur à sa garde est commise :
Valet souple au logis, fier huissier à l'église [2].   10
    « Quel chagrin, lui dit-il, trouble votre sommeil ?
Quoi ! voulez-vous au chœur prévenir le soleil ?
Ah ! dormez, et laissez à des chantres vulgaires
Le soin d'aller sitôt mériter leurs salaires.
— Ami, lui dit le chantre encor pâle d'horreur,   15
N'insulte point, de grâce, à ma juste terreur ;
Mêle plutôt ici tes soupirs à mes plaintes,
Et tremble en écoutant le sujet de mes craintes.
Pour la seconde fois un sommeil gracieux
Avait sous ses pavots appesanti mes yeux,   20
Quand, l'esprit enivré d'une douce fumée,
J'ai cru remplir au chœur ma place accoutumée.
Là, triomphant aux yeux des chantres impuissants,
Je bénissais le peuple et j'avalais l'encens,
Lorsque du fond caché de notre sacristie   25
Une épaisse nuée à longs flots est sortie,
Qui, s'ouvrant à mes yeux, dans son bleuâtre éclat,
M'a fait voir un serpent conduit par le prélat.
Du corps de ce dragon plein de soufre et de nitre [3],
Une tête sortait en forme de pupitre,   30
Dont le triangle affreux, tout hérissé de crins,
Surpassait en grosseur nos plus épais lutrins.
Animé par son guide, en sifflant il s'avance :
Contre moi sur mon banc je le vois qui s'élance.
J'ai crié, mais en vain ; et, fuyant sa fureur,   35

1. Il s'appelait *Brunot*, et il regretta beaucoup que Boileau ne l'eût pas fait figurer ici sous son véritable nom.

2. Ce Brunot était vraiment l'homme que peint ici le poëte. Jamais le premier président de Lamoignon ne le voyait à la Sainte-Chapelle, dans l'exercice de ses fonctions de bedeau, sans se rappeler et sans répéter involontairement le vers de Boileau. — *Valet souple, fier huissier* : antithèse.

3. *Soufre*, corps simple, sorte de minéral inflammable, jaune, électrique, produit par la nature ou tiré des pyrites sulfureuses. *Nitre*, salpêtre, sel composé d'acide nitrique et d'oxyde de potassium, base de la poudre à canon : rafraîchit et purifie le sang. Νίπτω, ou plus usité, νίζω, je lave.

Je me suis réveillé plein de trouble et d'horreur. »
   Le chantre, s'arrêtant à cet endroit funeste,
A ses yeux effrayés laisse dire le reste.
Girot en vain l'assure [1], et, riant de sa peur,
Nomme sa vision l'effet d'une vapeur [2] :   40
Le désolé vieillard, qui hait la raillerie,
Lui défend de parler, sort du lit en furie.
On apporte à l'instant ses somptueux habits,
Où sur l'ouate molle éclate le tabis [3].
D'une longue soutane il endosse la moire [4],   45
Prend ses gants violets, les marques de sa gloire,
Et saisit, en pleurant, ce rochet qu'autrefois
Le prélat trop jaloux lui rogna de trois doigts.

1. *Assurer* pour *rassurer* est souvent employé par Malherbe, Corneille, Molière, La Fontaine et Racine. Corneille a dit dans *Horace :*

> Un oracle *m'assure,* un songe me travaille.

Racine, dans *Athalie,* acte II, scène 7 :

> Princesse, *assurez-vous,* je les prends sous ma garde.

Et dans *Esther,* acte II, scène 7 :

> O bonté, qui *m'assure,* autant qu'elle m'honore.

M'assure, dit avec raison Voltaire à ce sujet, ne signifie pas *me rassure,* et c'est *me rassure* que l'auteur entend. Je suis effrayé, *on me rassure.* (C'est précisément le cas de Girot, à l'égard de son maitre.) *Assurer,* avec un régime direct, ne s'emploie que pour *certifier : j'assure ce fait.*

2. Athalie (acte II, scène 5) dit, en parlant du songe qu'elle vient de raconter :

> Moi-même, quelque temps, honteuse de ma peur,
> Je l'ai pris pour l'effet d'une sombre vapeur.

3. *Ouate,* espèce de coton plus fin et plus soyeux que le coton ordinaire, et qui sert à garnir des vêtements, des couvertures, etc. — *Tabis,* gros taffetas ondé par la machine à presser et à lustrer appelée calandre.

4. *Moire,* apprêt que reçoivent au cylindre ou à la calandre certaines étoffes, et qui leur donne un éclat changeant, une apparence ondée et chatoyante.

Aussitôt d'un bonnet[1] ornant sa tête grise,
Déjà l'aumusse[2] en main il marche vers l'église ;   50
Et, hâtant de ses ans l'importune langueur,
Court, vole, et, le premier, arrive dans le chœur.

O toi qui, sur ces bords qu'une eau dormante mouille,
Vis combattre autrefois le rat et la grenouille[3] ;
Qui, par les traits hardis d'un bizarre pinceau,   55
Mis l'Italie en feu pour la perte d'un seau[4],

1. Ce vers, dit Brossette, est remarquable par la critique dont
Louis XIV l'a honoré. Boileau avait mis d'abord :

> Alors d'un *domino* couvrant sa tête grise,
> Déjà l'*aumusse* en main, etc.

Mais le roi lui fit remarquer que le *domino* et l'*aumusse* ne pou-
vaient se trouver ensemble, attendu que le *domino* est l'habit de
chœur que l'on porte l'hiver, et l'*aumusse*, l'habit d'été. « Ne soyez
pas étonné, ajouta-t-il, que je sois si bien instruit de ces sortes
d'usages : je suis chanoine en plusieurs églises. » Il l'était, en effet,
de Saint-Jean-de-Latran, de Saint-Jean de Lyon, des églises d'An-
gers, du Mans, de Saint-Martin de Tours, et de quelques autres.
Boileau, docile à la critique royale, substitua sur-le-champ le
bonnet au *domino*.

2. L'*aumusse*, fourrure dont les chapelains, les chanoines et
les chantres se couvrent quelquefois la tête, et qu'ils portent
ordinairement sur le bras.

3. Allusion au petit poëme intitulé *la Batrachomyomachie* ou
Combat des grenouilles et des rats, poëme d'un auteur inconnu, et
qu'on a souvent, comme Boileau le fait lui-même, attribué à Homère.

4. *La Secchia rapita* (le Sceau enlevé), poëme italien, héroï-
satiro-comique, en douze chants, par Alessandro Tassoni, né à
Modène en 1565, mort en 1635. Ce poëme a pour sujet la guerre
que les Bolonais firent aux Modénais pour recouvrer un seau que
ces derniers avaient fait enlever d'un puits public de Bologne.
Beaucoup de feu, de gaieté, de légèreté, l'imagination brillante de
l'Arioste, en composent le fonds. Rien de plus varié, de plus neuf
que les comparaisons ; point de caractères mieux tracés, mieux sou-
tenus. Tassoni, comme Boileau, appelle à son secours (*canto* v,
str. 23), la muse qui chanta les rats et les grenouilles.

> Musa, tu che cantasti i fatti egregi
> Del rè de Topi, et de le Rane antiche,
> Si che ne sono ancor fioriti i fregi
> Là per le piaggie d'Elicona apriche;
> Tu dimmi i nomi e la possanza, ed i pregi
> De le superbe nazion nemiche
> Ch'uniron l'armi a danno, ed a ruina
> De la città de la salciccia fina.

« Muse, toi qui naguère as chanté les hauts faits des rats et des

Muse, prête à ma bouche une voix plus sauvage,
Pour chanter le dépit, la colère, la rage
Que le chantre sentit allumer dans son sang
A l'aspect du pupitre élevé sur son banc.   60
D'abord pâle et muet, de colère immobile,
A force de douleur, il demeura tranquille [1] :
Mais sa voix, s'échappant au travers des sanglots,
Dans sa bouche à la fin fit passage à ces mots :
« La voilà donc, Girot, cette hydre [2] épouvantable   65
Que m'a fait voir un songe, hélas, trop véritable !
Je le vois ce dragon [3] tout prêt à m'égorger,
Ce pupitre fatal qui me doit ombrager !
Prélat, que t'ai-je fait ? quelle rage envieuse
Rend, pour me tourmenter, ton âme ingénieuse ?   70
Quoi ! même dans ton lit, cruel, entre deux draps,
Ta profane fureur ne se repose pas !
O ciel ! quoi ! sur mon banc une honteuse masse
Désormais me va faire un cachot de ma place !
Inconnu dans l'église, ignoré dans ce lieu,   75
Je ne pourrai donc plus être vu que de Dieu !
Ah ! plutôt qu'un moment cet affront m'obscurcisse,
Renonçons à l'autel, abandonnons l'office ;
Et, sans lasser le ciel par des chants superflus,
Ne voyons plus un chœur où l'on ne nous voit plus [4].   80

grenouilles ; toi, par qui les collines élevées de l'Hélicon retentissent encore de leurs brillants exploits ; dis-moi les noms, la
puissance et les forces de ces superbes nations ennemies qui ont
uni leurs armes pour perdre et ruiner la ville où se fit la première saucisse. » N. A. D.

La fin si burlesque et si heureuse de cette strophe de *la Secchia*
rappelle le quatrième vers du premier chant du *Lutrin*.

1. On a dit que *les grandes douleurs sont muettes* ; mais

     Les faibles déplaisirs s'amusent à parler.   (Corneille.)

2. *Hydre*, serpent monstrueux, se prend, par antonomase,
pour un monstre quelconque. La destruction de l'hydre de Lerne
fut un des douze travaux d'Hercule.

3. Le *dragon* est un animal fabuleux qu'on représente avec des
griffes, des ailes et une queue de serpent.

4. Les *Fragments* de 1673 contiennent cette variante :

     Retirons-nous d'un chœur où l'on ne nous voit plus.

Sortons.... Mais cependant mon ennemi tranquille
Jouira sur son banc de ma rage inutile,
Et verra dans le chœur le pupitre exhaussé
Tourner sur le pivot où sa main l'a placé !
Non, s'il n'est abattu, je ne saurais plus vivre.   85
A moi, Girot, je veux que mon bras m'en délivre.
Périssons, s'il le faut; mais de ses ais brisés
Entraînons en mourant les restes divisés. »
    A ces mots, d'une main par la rage affermie,
Il saisissait déjà la machine ennemie,   90
Lorsqu'en ce sacré lieu¹, par un heureux hasard,
Entrent Jean le choriste et le sonneur Girard²,
Deux Manceaux³ renommés, en qui l'expérience
Pour les procès est jointe à la vaste science.
L'un et l'autre aussitôt prend⁴ part à son affront.   95
Toutefois, condamnant un mouvement trop prompt :
« Du lutrin, disent-ils, abattons la machine :
Mais ne nous chargeons pas tout seuls de sa ruine ;
Et que tantôt, aux yeux du chapitre assemblé,
Il soit sous trente mains en plein jour accablé. »   100
    Ces mots des mains du chantre arrachent le pupitre.
« J'y consens, leur dit-il ; assemblons le chapitre.

    1. *Ce sacré lieu.* Sacré avant le substantif est une inversion
fréquente chez les poëtes; ainsi Racine a dit dans *Andromaque :*

    Sacrés murs que n'a pu défendre mon Hector.

et dans *Phèdre :*

    De ce sacré soleil dont je suis descendue.

Mais on doit éviter cette locution dont les bouches grossières et
impies font un indigne emploi.
    2. *Jean*, le choriste, est un personnage supposé : quant au son-
neur *Girard*, il était mort plusieurs années avant la composition
du *Lutrin*, victime d'un pari dans lequel il s'était engagé à traverser
neuf fois la Seine à la nage. Il paraît qu'il était né pour les entre-
prises périlleuses ; car Boileau, encore écolier, l'avait vu débou-
cher et vider gaiement une bouteille de vin sur le bord du toit de
la Sainte-Chapelle, en présence d'une foule immense glacée d'effroi pour l'intrépide sonneur.
    3. Du Maine ou du Mans, chef-lieu de la Sarthe. Voyez la note 4
de la page 41.
    4. Voyez la note 4 de la page 15.

Allez donc de ce pas, par de saints hurlements,
Vous-mêmes appeler les chanoines dormants.
Partez. » Mais ce discours les surprend et les glace [1].   105
« Nous ! qu'en ce vain projet, pleins d'une folle audace,
Nous allions, dit Girard, la nuit nous engager !
De notre complaisance osez-vous l'exiger ?
Hé ! seigneur ! quand nos cris pourraient, du fond des rues,
De leurs appartements percer les avenues,   110
Réveiller ces valets autour d'eux étendus,
De leur sacré repos ministres assidus,
Et pénétrer des lits au bruit inaccessibles,
Pensez-vous, au moment que les ombres paisibles
A ces lits enchanteurs ont su les attacher,   115
Que la voix d'un mortel les en puisse arracher ?
Deux chantres feront-ils, dans l'ardeur de vous plaire,
Ce que depuis trente ans six cloches n'ont pu faire ?
—Ah ! je vois bien où tend tout ce discours trompeur,
Reprend le chaud vieillard : le prélat vous fait peur.   120
Je vous ai vus cent fois, sous sa main bénissante,
Courber servilement une épaule tremblante.
Hé bien ! allez ; sous lui fléchissez les genoux :
Je saurai réveiller les chanoines sans vous.
Viens, Girot, seul ami qui me reste fidèle :   125
Prenons du saint jeudi la bruyante crécelle [2] :
Suis-moi. Qu'à son lever le soleil aujourd'hui

1. Ce vers et les trois suivants en ont remplacé huit, qui, dans les éditions antérieures à 1701, se lisent de cette manière :

Partez. Mais à ce mot les champions pâlissent,
De l'honneur du péril leurs courages frémissent.
Ah ! seigneur, dit Girard, que nous demandez-vous ?
De grâce, modérez un aveugle courroux.
Nous pourrions réveiller des chantres et des moines ;
Mais, même avant l'aurore, éveiller des chanoines ?
Qui jamais l'entreprit ? qui l'oserait tenter ?
Est-ce un projet, ô ciel ! qu'on puisse exécuter ?
Ah ! seigneur, etc.

2. Crécelle, moulinet de bois avec lequel on faisait alors du bruit pour appeler les fidèles à l'office pendant les jours de la semaine sainte où les cloches ne se font point entendre. Cet instrument a pris son nom de l'oiseau de proie la crécerelle, dont il imite le cri aigu et lugubre.

Trouve tout le chapitre éveillé devant lui[1]. »
Il dit. Du fond poudreux d'une armoire sacrée
Par les mains de Girot la crécelle est tirée.　　　　130
Ils sortent à l'instant, et, par d'heureux efforts,
Du lugubre instrument font crier les ressorts[2].
Pour augmenter l'effroi, la Discorde infernale
Monte dans le palais, entre dans la grand'salle,
Et, du fond de cet antre, au travers de la nuit,　　135
Fait sortir le démon du tumulte et du bruit.
Le quartier alarmé n'a plus d'yeux qui sommeillent :
Déjà de toutes parts les chanoines s'éveillent :
L'un croit que le tonnerre est tombé sur les toits,
Et que l'église brûle une seconde fois[3] ;　　　　140
L'autre, encore agité de vapeurs plus funèbres,
Pense être au jeudi saint, croit que l'on dit Ténèbres[4] :
Et déjà tout confus, tenant midi sonné,
En soi-même frémit de n'avoir point dîné.
Ainsi, lorsque, tout prêt à briser cent murailles,　145
Louis, la foudre en main, abandonnant Versailles[5],
Au retour du soleil et des zéphyrs nouveaux[6],
Fait dans les champs de Mars[7] déployer ses drapeaux,

1. Du temps de Racine et de Boileau, la préposition *devant*
s'employait indifféremment pour marquer l'ordre du temps ou
celui des places. L'usage en a depuis déterminé l'emploi ; et,
d'après cette décision, c'est *avant lui* que le soleil devrait trouver
le chapitre *éveillé*, si l'hiatus le permettait.

2. Les *R* sont ici multipliés à dessein.

　　　Tum ferri rigor, atque argutæ lamina serræ.

　　　　　　　　　(Virg., *Géorg.*, I, 143.)

Delille, dans sa traduction, a rendu ce vers assez heureusement :
J'entends crier la dent de la lime mordante.

3. Allusion à l'incendie qui, le 26 juillet 1630, consuma le toit
de la Sainte-Chapelle.

4. *Ténèbres*, matines qui se chantent l'après-dînée du mer-
credi, du jeudi et du vendredi saints.

5. *Versailles*, grande et belle ville de l'Ile-de-France (Seine-et-
Oise), où Louis XIV a fait bâtir ce superbe palais dont les jardins seuls ont coûté plus de deux cents millions. Le musée de Versailles, dédié à toutes les gloires de la France, est l'œuvre du roi
Louis-Philippe.

6. Périphrase poétique pour dire *au* printemps.

7. *Mars*, dieu de la guerre, est, dit Hésiode, fils de Jupiter et de

Au seul bruit répandu de sa marche étonnante,
Le Danube s'émeut, le Tage [1] s'épouvante,   150
Bruxelle [2] attend le coup qui la doit foudroyer,
Et le Batave [3] encore est prêt à se noyer.
    Mais en vain dans leurs lits un juste effroi les presse :
Aucun ne laisse encor la plume enchanteresse.
Pour les en arracher, Girot, s'inquiétant,   155
Va crier qu'au chapitre un repas les attend.
Ce mot dans tous les cœurs répand la vigilance :
Tout s'ébranle, tout sort, tout marche en diligence.
Ils courent au chapitre, et chacun se pressant
Flatte d'un doux espoir son appétit naissant.   160
Mais, ô d'un déjeuner vaine et frivole attente !
A peine ils sont assis, que, d'une voix dolente,
Le chantre désolé, lamentant son malheur,
Fait mourir l'appétit et naître la douleur.
Le seul chanoine Évrard [4], d'abstinence incapable,   165

Junon. Selon d'autres mythologues, Junon seule donna le jour à
Mars ; il lui suffit de toucher des doigts une fleur des champs
d'Olène, pour voir ce dieu terrible apparaître dans ses mains.

    1. Le *Danube*, le plus grand fleuve de l'Europe après le Volga,
sort de trois sources et se jette dans la mer Noire. Il avait autrefois sept bouches ; deux sont comblées. — Le *Tage*, le fleuve le
plus considérable de l'Espagne, prend sa source dans les monts
d'Albaraan, entre l'Aragon et la Nouvelle-Castille, à quarante lieues
de la Méditerranée. Il se jette dans l'Océan, à trois lieues au-des-
sous de Lisbonne. — Le Danube et le Tage sont mis ici par métonymie pour les Allemands et les Espagnols.

    2. *Bruxelles*, chef-lieu du Brabant méridional, était alors la
capitale des Pays-Bas espagnols ; c'est aujourd'hui la capitale du
royaume de Belgique. — Boileau fait allusion ici à la campagne de
Flandre faite par Louis XIV en 1667. — Il retranche le *s* dans
Bruxelles pour le besoin de la mesure.

    3. *Le Batave*, par synecdoche pour les Bataves ; *Batavi*, an-
cien nom des Hollandais. — *Encore*, allusion à l'événement rap-
pelé au vers 208 du quatrième chant de *l'Art poétique* :

        Soi-même se noyant pour sortir du naufrage.

Après le passage du Rhin, Louis XIV s'était emparé de presque
toute la Hollande, et Amsterdam même se disposait à lui envoyer
ses clefs. Les Hollandais, pour sauver le reste de leur pays,
n'eurent d'autre ressource que de le submerger entièrement en
lâchant leurs écluses.

    4. L'abbé *d'Ense*. Le portrait est un peu chargé ; mais le per-
sonnage réel en avait fourni les traits principaux.

Ose encor proposer qu'on apporte la table.
Mais il a beau presser, aucun ne lui répond :
Quand, le premier rompant ce silence profond,
Alain tousse et se lève, Alain, ce savant homme [1],
Qui de Bauny vingt fois a lu toute la *Somme* [2],   170
Qui possède Abély, qui sait tout Raconis [3],
Et même entend, dit-on, le latin d'A-Kempis [4].
   « N'en doutez point, leur dit ce savant canoniste [5],
Ce coup part, j'en suis sûr, d'une main janséniste [6].
Mes yeux en sont témoins : j'ai vu moi-même hier   175

1. Le poëte désigne ici le chanoine *Aubery*, qui ne parlait jamais sans avoir préalablement toussé deux ou trois fois. C'était un homme si simple, qu'il lut, dit-on, plusieurs fois le *Lutrin* sans s'y reconnaître. Son frère, Antoine Aubery, avocat au conseil, est auteur d'une *Histoire générale des cardinaux ; des Biographies spéciales des cardinaux de Joyeuse et de Richelieu*, et de plusieurs autres ouvrages estimables.

2. *Bauny*, jésuite, auteur du livre intitulé : *la Somme des péchés que l'on peut commettre dans tous les états.* Cet ouvrage parut en 1634 ; il eut plusieurs éditions.

3. *Abély* (Louis), né en 1603, mort en 1691, après avoir été évêque de Rhodez. Le principal ouvrage d'Abély est intitulé : *Medulla Theologica, la Moelle Théologique.* — *Abra de Raconis*, né en 1590, mort en 1646, professeur de philosophie, prédicateur et aumônier de Louis XIII, puis évêque de Lavaur, est l'auteur de plusieurs ouvrages philosophiques et théologiques depuis longtemps oubliés. Un des passe-temps du cardinal de Richelieu était de faire venir Raconis, et de lui ordonner de prêcher à l'instant sur un sujet indiqué, et sur un texte qui n'avait aucun rapport à ce sujet. Raconis commençait aussitôt, et ne finissait que lorsque Richelieu le faisait taire.

4. C'est-à-dire le latin simple et facile de l'*Imitation de Jésus-Christ.* Thomas A-Kempis, religieux allemand, né près de Cologne en 1380, mort en 1471, et qui tire son nom du lieu de sa naissance, est un des auteurs à qui l'on attribue le beau livre de l'*Imitation de Jésus-Christ.* Il n'est pas plus certain que l'*Imitation* soit de Jean Gerson, chancelier de l'Université de Paris, né en 1363, mort en 1429. Voir, sur cette grave question, l'excellente préface de M. J. V. Le Clerc dans la magnifique édition de l'*Imitation* offerte à l'empereur Napoléon III après l'Exposition universelle de 1855.

5. *Canoniste*, c'est-à-dire savant en droit canon, de κανών, règle.

6. *Janséniste*, celui qui professe la doctrine de Jansénius sur la grâce et la prédestination. Les jansénistes étaient généralement des rigoristes en morale.

Entrer chez le prélat le chapelain Garnier [1].
Arnauld [2], cet hérétique ardent à nous détruire,
Par ce ministre adroit tente de le séduire.
Sans doute il aura lu dans son saint Augustin [3]
Qu'autrefois saint Louis [4] érigea ce lutrin ;   180
Il va nous inonder des torrents de sa plume.
Il faut, pour lui répondre, ouvrir plus d'un volume.
Consultons sur ce point quelque auteur signalé :
Voyons si des lutrins Bauny n'a point parlé :
Étudions enfin, il en est temps encore ;   185
Et, pour ce grand projet, tantôt dès que l'aurore
Rallumera le jour dans l'onde enseveli,
Que chacun prenne en main le moelleux Abéli [5]. »
    Ce conseil imprévu de nouveau les étonne :

    1. *Louis Le Fournier*, chapelain perpétuel de la Sainte-Cha-
pelle. Il n'avait pris aucune part dans les démêlés du chantre et
du trésorier ; mais ses liaisons avec le docteur Arnauld lui donnaient, aux yeux de ses confrères, une apparence de jansénisme
qui lui vaut ici ce petit trait de satire. — *Hier*, *Garnier*, rime
pour l'œil seulement.
    2. *Arnauld*, né à Paris en 1612, mort à Bruxelles en 1694,
publia plusieurs ouvrages contre les calvinistes.
    3. Double allusion à l'étude particulière que le docteur Arnauld
avait faite des ouvrages de saint Augustin, et à la chaleur avec
laquelle il avait embrassé et défendu ses doctrines sur la grâce.—
Son saint Augustin, pour *dans les œuvres de saint Augustin*,
ce père de l'Église latine, évêque d'Hippone, né en 354, mort
en 430.
    4. *Louis IX* ou *saint Louis*, roi de France, né en 1215, mort à
Tunis en 1270. Il y a un intervalle d'environ huit siècles entre
saint Augustin et saint Louis, fondateur de la Sainte-Chapelle.
C'est un *léger* anachronisme pour le docteur Alain.
    5. L'auteur, dit Bayle (article Abély), a mis une note qui ex-
plique la raison de l'épithète *moelleux ;* et il a fort bien fait.
Quand je songe aux conjectures que formeraient les critiques, si
la langue française avait un jour le destin qu'a eu la langue latine,
et que les œuvres de Boileau se conservassent, je me représente
bien des chimères. Car, supposons que *la Moelle Théologique*
d'Abély fût entièrement perdue, et qu'il n'y eût point de note à
la marge du *Lutrin*, quels mouvements les critiques ne se don-
neraient-ils pas pour trouver la raison de cette épithète ? Je m'i-
magine que quelqu'un, peu satisfait des conjectures de ses prédécesseurs, dirait enfin que l'écrivain Abély avait été caractérisé par
cette épithète parce qu'on avait voulu faire allusion *aux offrandes
d'Abel*, qui ne furent pas *sèches* comme celles de Caïn, et qu'il

Surtout le gras Évrard d'épouvante en frissonne.   190
« Moi, dit-il, qu'à mon âge, écolier tout nouveau,
J'aille pour un lutrin me troubler le cerveau !
O le plaisant conseil ! Non, non, songeons à vivre ;
Va maigrir, si tu veux, et sécher sur un livre.
Pour moi, je lis la Bible autant que l'Alcoran[1] :   195
Je sais ce qu'un fermier nous doit rendre par an ;
Sur quelle vigne à Reims nous avons hypothèque[2] :
Vingt muids rangés chez moi font ma bibliothèque.
En plaçant un pupitre on croit nous rabaisser :
Mon bras seul sans latin saura le renverser.   200
Que m'importe qu'Arnauld me condamne ou m'approuve,
J'abats ce qui me nuit partout où je le trouve :
C'est là mon sentiment. A quoi bon tant d'apprêts ?
Du reste, déjeunons, messieurs, et buvons frais. »
    Ce discours, que soutient l'embonpoint du visage,   205
Rétablit l'appétit, réchauffe le courage ;
Mais le chantre surtout en paraît rassuré.
« Oui, dit-il, le pupitre a déjà trop duré.
Allons sur sa ruine assurer ma vengeance :

hasarderait mille autres interprétations de ce genre. Plus le commentateur serait docte, plus on le verrait courir d'extravagance en extravagance et accumuler des chimères. Le théologien n'entendit pas raillerie ; il se plaignit hautement, et cita Boileau au tribunal de Dieu. Abély mourut le 4 octobre 1691, dans la maison de Saint-Lazare, où il s'était retiré après avoir donné la démission de son évêché de Rodez.

    1. *Bible*, de βιβλίον, livre, c'est-à-dire le livre par excellence : il comprend tous les ouvrages de l'Ancien et du Nouveau Testament, depuis la Genèse jusqu'à l'Apocalypse, désignés par τὰ βιβλία dans les auteurs ecclésiastiques. — *Alcoran* (*Al Koran*, la lecture, le livre par excellence) livre de *la loi de Mahomet* ; il se divise en 114 chapitres. C'est *le Koran* que Boileau a voulu dire. On fait bien souvent cette faute : *Al* est l'article en turc ; ainsi, dire l'*Alcoran*, en français, c'est comme si l'on disait *le le Koran* ; il y a là double emploi de l'article, il faut dire en français, *le Koran*.

    2. L'abbaye de Saint-Nicaise de Reims, qui vaut seize mille livres de revenu à la Sainte-Chapelle, ayant été unie par le roi Louis XIII, du temps du cardinal de Richelieu, chaque chanoine doit avoir, tous les ans, un muid de vin de Reims : mais cela s'apprécie, et on emploie cet argent aux dépenses nécessaires à la Sainte-Chapelle. Comme les vendanges font un des principaux revenus de cette abbaye, le capitulant avait raison de dire :

Donnons à ce grand œuvre [1] une heure d'abstinence :   210
Et qu'au retour tantôt un ample déjeuner
Longtemps nous tienne à table et s'unisse au dîner. »
    Aussitôt il se lève, et la troupe fidèle
Par ces mots attirants sent redoubler son zèle.
Ils marchent droit au chœur d'un pas audacieux,   215
Et bientôt le lutrin se fait voir à leurs yeux.
A ce terrible objet, aucun d'eux ne consulte [2];
Sur l'ennemi commun ils fondent en tumulte;
Ils sapent le pivot, qui se défend en vain :
Chacun sur lui d'un coup veut honorer sa main.   220
Enfin sous tant d'efforts la machine succombe,
Et son corps entr'ouvert chancelle, éclate et tombe :
Tel sur les monts glacés des farouches Gélons [3],
Tombe un chêne battu des voisins aquilons ;
Ou tel, abandonné de ses poutres usées,   225
Fond enfin un vieux toit sous ses tuiles brisées.
La masse est emportée, et ses ais arrachés
Sont aux yeux des mortels chez le chantre cachés.

« Je sais sur quelle vigne nous avons hypothèque. » (*Lettre de l'abbé Boileau à Brossette*, du 12 février 1703.) — Reims, très-ancienne ville de Champagne (Marne), sur la rive droite de la Vesle. — *Hypothèque*, droit réel qui grève les immeubles affectés à la sûreté, à l'acquittement d'une obligation, d'une dette, et qui les suit en quelques mains qu'ils passent : ὑποθήκη, gage, nantissement (ὑπο-τίθημι, je mets dessous, je donne en gage).

1. Dans le style soutenu, *œuvre* s'emploie quelquefois au masculin singulier, bien que d'ordinaire, et surtout avec le mot *grand,* il soit un terme d'alchimie qui signifie *chercher la pierre philosophale.* Il est ici fort bien placé dans la bouche du chantre, haranguant les chanoines sur un sujet de cette importance.

2. *A ce terrible objet* pour *à la vue de ce terrible objet.* — *Ne consulte :* on ne mettrait plus ce verbe sans un régime direct; ici, par exemple, *ne se consulte,* ou *ne consulte ses compagnons.*

3. Les *Gélons* habitaient la Sarmatie, et étaient voisins du Borysthène, aujourd'hui le *Dniéper,* fleuve qui prend sa source en Russie, entre Woloch et Oleschno, passe dans la Pologne, et se jette dans la mer Noire auprès d'Oczakow. Les cataractes de ce fleuve, qui sont à dix-huit myriamètres au-dessus de son embouchure, et le grand nombre de ses îles empêchaient qu'il fût navigable au delà. En 1784, Catherine II en a fait sauter quelques rochers, mais sans beaucoup de succès.

8.

CHANT V[1].

L'aurore [2] cependant, d'un juste effroi troublée,
Des chanoines levés voit la troupe assemblée,
Et contemple longtemps avec des yeux confus
Ces visages fleuris qu'elle n'a jamais vus.
Chez Sidrac aussitôt Brontin d'un pied fidèle   5
Du pupitre abattu va porter la nouvelle.
Le vieillard de ses soins bénit l'heureux succès,
Et sur un bois détruit bâtit mille procès.
L'espoir d'un doux tumulte échauffant son courage,
Il ne sent plus le poids ni les glaces de l'âge,   10
Et chez le trésorier, de ce pas, à grand bruit,
Vient étaler au jour les crimes de la nuit.
   Au récit imprévu de l'horrible insolence,
Le prélat hors du lit impétueux s'élance.
Vainement d'un breuvage à deux mains apporté   15
Gilotin avant tout le veut voir humecté :
Il veut partir à jeun. Il se peigne, il s'apprête :
L'ivoire trop hâté deux fois rompt sur sa tête,
Et deux fois de sa main le buis tombe en morceaux ;

1. Ce chant et le suivant ne furent publiés qu'en 1683, avec
les épîtres vi, vii, viii et ix ; neuf ans s'étaient écoulés alors depuis le succès des quatre premiers chants. Dans la préface de 1674,
Boileau avait exprimé le regret de ne point donner au public cette
bagatelle *achevée*. Il prit donc son temps pour la finir ; et ce
temps fut assez bien employé, si l'on en juge du moins par ce
cinquième chant, où l'on retrouve tous les genres de mérite jus-
tement admirés dans les chants qui précèdent. Boileau n'avait pas
besoin que Desmarets et Pradon l'avertissent que le nœud de
l'intrigue formé au quatrième chant attendait un dénoûment
quelconque.
2. L'*aurore* est cette clarté douce et toujours croissante qui
précède le lever du soleil. Suivant la mythologie, l'Aurore est
fille d'Apollon ; elle s'avance dans les cieux, la tête couverte d'un
voile jaune, et portée sur un char traîné par deux coursiers
éblouissants de blancheur, Lampos et Phaéthon. Plus tard, elle
a, comme Apollon lui-même, quatre chevaux magnifiques ; son
char couleur de feu est tout en vermeil ; son voile, négligemm-
ment rejeté en arrière, indiqué que la nuit s'enfuit ; sa robe jaune
est teinte des sucs du safran ; ses doigts sont de rose : ροδοδάκτυλος
Ἠώς, dit Homère.

Tel Hercule filant rompait tous les fuseaux [1].   20
Il sort demi-paré. Mais déjà sur sa porte
Il voit de saints guerriers une ardente cohorte,
Qui tous, remplis pour lui d'une égale vigueur,
Sont prêts, pour le servir, à déserter le chœur.
Mais le vieillard [2] condamne un projet inutile.   25
« Nos destins sont, dit-il, écrits chez la sibylle [3] :
Son antre n'est pas loin ; allons la consulter,
Et subissons la loi qu'elle nous va dicter. »
Il dit : à ce conseil, où la raison domine,
Sur ses pas au barreau la troupe s'achemine,   30
Et bientôt, dans le temple, entend, non sans frémir,
De l'antre redouté les soupiraux gémir.
    Entre ces vieux appuis dont l'affreuse grand'salle
Soutient l'énorme poids de sa voûte infernale,
Est un pilier [4] fameux, des plaideurs respecté,   35
Et toujours de Normands à midi fréquenté.
Là, sur des tas poudreux de sacs et de pratique,
Hurle, tous les matins, une sibylle étique :
On l'appelle Chicane ; et ce monstre odieux
Jamais pour l'équité n'eut d'oreilles ni d'yeux.   40
La Disette au teint blême, et la triste Famine,
Les Chagrins dévorants, et l'infâme Ruine,
Enfants infortunés de ses raffinements,
Troublent l'air d'alentour de longs gémissements.

    1. *Hercule*, fils de Jupiter et d'Alcmène, le plus célèbre des demi-dieux de la Fable. — La cour d'Omphale, reine de Lydie, fut un écueil pour la vertu d'Hercule ; il laissa de côté la massue, échangea la peau du lion de Némée contre la robe lydienne, et prit, comme les femmes dont il était environné, la quenouille et le fuseau.
    2. *Le vieillard*, Sidrac.
    3. *Sibylle*, Σιβύλλα (de σιός, inusité pour θεός, et βουλή, conseil de la divinité), prêtresse que l'inspiration d'une divinité jetait dans des accès d'enthousiasme, pendant lesquels elle prédisait l'avenir. Lactance, saint Augustin et Varron reconnaissent dix sibylles, et voici dans quel ordre Varron les a classées : 1° la Persique (nommée aussi Babylonique ou Chaldéenne) ; 2° la Libyenne ; 3° la Delphique ; 4° la Cumée ou Cimmérienne ; 5° l'Érythréenne ; 6° la Samienne ; 7° la Cumane ou Lucanienne, ou Italique ; 8° l'Hellespontine ; 9° la Phrygienne ; 10° la Tiburtine.
    4. Le *pilier* dit alors *des consultations ;* les avocats s'y rassemblaient, et c'est là qu'on venait les consulter.

Sans cesse feuilletant les lois et la coutume,   45
Pour consumer autrui, le monstre se consume ;
Et, dévorant maisons, palais, châteaux entiers,
Rend pour des monceaux d'or de vains tas de papiers.
Sous le coupable effort de sa noire insolence,
Thémis [1] a vu cent fois chanceler sa balance.   50
Incessamment il va de détour en détour ;
Comme un hibou, souvent il se dérobe au jour :
Tantôt, les yeux en feu, c'est un lion superbe ;
Tantôt, humble serpent, il se glisse sous l'herbe.
En vain, pour le dompter, le plus juste des rois [2]   55
Fit régler le chaos des ténébreuses lois :
Ses griffes, vainement par Pussort [3] accourcies,
Se rallongent déjà, toujours d'encre noircies ;
Et ses ruses, perçant et digues et remparts,
Par cent brèches déjà rentrent de toutes parts.   60
     Le vieillard humblement l'aborde et le salue ;
Et faisant, avant tout, briller l'or à sa vue :
« Reine des longs procès, dit-il, dont le savoir
Rend la force inutile et les lois sans pouvoir,
Toi, pour qui dans le Mans [4] le laboureur moissonne,   65
Pour qui naissent à Caen [5] tous les fruits de l'automne :
Si, dès mes premiers ans, heurtant tous les mortels,
L'encre a toujours coulé pour moi sur tes autels,
Daigne encor me connaître en ma saison dernière.
D'un prélat qui t'implore exauce la prière.   70
Un rival orgueilleux, de sa gloire offensé,
A détruit le lutrin par nos mains redressé.

1. *Thémis ;* voyez note 5 de la page 5.
2. Allusion aux ordonnances du roi Louis XIV, publiées en
1667 et 1670 sur la procédure civile et la procédure criminelle,
pour en abréger les formalités. Ce fut un des actes qui honorèrent
le plus le ministère de Colbert, puissamment secondé dans cette
occasion par Henri Pussort, son oncle maternel. La France entière applaudit, excepté la *chicane* et ses suppôts.
3. *Pussort ;* voyez la note précédente.
4. *Le Mans,* autrefois capitale du Maine, sur une colline près
du confluent de la Sarthe et de l'Huine, chef-lieu de préfecture
de la Sarthe.
5. *Caen,* chef-lieu du Calvados et ancienne capitale de la basse
Normandie, dans un vallon, au confluent de l'Orne et de l'Odon,
et à trois lieues de la mer, avec laquelle elle communique par un
canal creusé dans le lit de la rivière.

Épuise en sa faveur ta science fatale :
Du Digeste et du Code ouvre-nous le dédale [1],
Et montre-nous cet art, connu de tes amis,   75
Qui, dans ses propres lois, embarrasse Thémis. »
    La sibylle, à ces mots, déjà hors d'elle-même,
Fait lire sa fureur sur son visage blême,
Et, pleine du démon qui la vient oppresser,
Par ces mots étonnants tâche à [2] le repousser :   80
    « Chantres, ne craignez plus une audace insensée.
Je vois, je vois au chœur la masse replacée :
Mais il faut des combats. Tel est l'arrêt du sort ;
Et surtout évitez un dangereux accord. »
    Là bornant son discours, encor tout écumante,   85
Elle souffle aux guerriers l'esprit qui la tourmente,
Et dans leurs cœurs brûlants de la soif de plaider
Verse l'amour de nuire et la peur de céder.
Pour tracer à loisir une longue requête [3],
A retourner chez soi leur brigade s'apprête.   90
Sous leurs pas diligents le chemin disparoît [4],
Et le pilier loin d'eux déjà baisse et décroît.
    Loin du bruit cependant les chanoines à table
Immolent trente mets à leur faim indomptable.

1. *Digeste*, choix des décisions des plus fameux jurisconsultes
romains, composé par ordre de l'empereur Justinien, en cinquante livres, de l'an 530 au 16 décembre 533. — *Code*, recueil
de lois publié par l'empereur Justinien l'an 529, puis, avec des
modifications, l'an 534. — *Dédale* se dit, par métonymie, du
labyrinthe, œuvre de Dédale, et, par métaphore, des choses com-
pliquées et de difficile solution. — *Dédale*, fils d'Eupalame, bâtit
le fameux labyrinthe de Crète : c'était un enclos inextricable et
offrant tant de détours, qu'il était impossible d'en trouver l'issue
une fois qu'on y avait pénétré ; il avait été construit près de la
ville de Gnosse, dans l'île de Crète.
    2. *Tâche à*, on dirait, à présent, *tâche de*.
    3. *Requête*, sorte de pétition en justice pour obtenir quelque
chose.
    4. Imitation de Chapelain, qui dit :

    . . . . . . Chinon baissé décroît,
    S'éloigne, se blanchit, s'efface et disparoît.

Décroît et *disparoît*, qui rimaient alors, ne rimeraient plus
aujourd'hui que l'on prononce *décroît*, tel qu'il est écrit, et *disparoît*, comme s'il était toujours écrit *disparait*.

Leur appétit fougueux, par l'objet excité, **95**
Parcourt tous les recoins d'un monstrueux pâté ;
Par le sel irritant la soif est allumée :
Lorsque d'un pied léger la prompte Renommée,
Semant partout l'effroi, vient au chantre éperdu
Conter l'affreux détail de l'oracle rendu. **100**
Il se lève, enflammé de muscat et de bile [1],
Et prétend à son tour consulter la sibylle [2].
Évrard a beau gémir du repas déserté,
Lui-même est au barreau par le nombre emporté.
Par les détours étroits d'une barrière oblique, **105**
Ils gagnent les degrés et le perron antique
Où, sans cesse étalant bons et méchants écrits,
Barbin vend aux passants des auteurs à tout prix [3].
   Là le chantre à grand bruit arrive et se fait place,
Dans le fatal instant que, d'une égale audace, **110**
Le prélat et sa troupe, à pas tumultueux,
Descendaient du palais l'escalier tortueux.
L'un et l'autre rival, s'arrêtant au passage,
Se mesure des yeux, s'observe, s'envisage ;
Tels deux fougueux taureaux, embrasés, furieux, **115**
Déjà, le front baissé, se menacent des yeux.
Mais Évrard, en passant coudoyé par Boirude,
Ne sait point contenir son aigre inquiétude :
Il entre chez Barbin, et, d'un bras irrité,
Saisissant du *Cyrus* un volume écarté [4], **120**

1. *Muscat*, sorte de raisin qui donne au vin un goût parfumé ; on recueille le vin muscat en France, en Italie, en Grèce et en Turquie. — *Bile*, humeur amère, verte ou jaune, préparée dans le foie ; et, par suite de l'influence du physique sur le moral, disposition chagrine, colère. C'est dans ce dernier sens que Boileau l'emploie ici.

2. Le chantre, ayant fait enlever le lutrin que l'on avait mis devant son siège, se pourvut aux requêtes du palais, où il fit assigner le trésorier. De son côté, le trésorier s'adressa à l'*official* de la Sainte-Chapelle, devant qui le chantre fut assigné, à la requête du promoteur. Sur ce conflit de juridiction, l'instance fut évoquée aux requêtes du palais par sentence du 5 août 1667.

3. *Barbin* se piquait, dit Boileau, de savoir vendre les livres les plus détestables. Sa boutique était sur le deuxième perron de l'escalier de la Sainte-Chapelle.

4. *Cyrus*, roman en dix tomes, par Madeleine de Scudéry,

Il lance au sacristain le tome épouvantable.
Boirude fuit le coup : le volume effroyable
Lui rase le visage, et droit dans l'estomac
Va frapper en sifflant l'infortuné Sidrac.
Le vieillard, accablé de l'horrible *Artamène* [1],   125
Tombe aux pieds du prélat, sans pouls et sans haleine :
Sa troupe le croit mort, et chacun empressé
Se croit frappé du coup dont il le voit blessé.
Aussitôt contre Évrard vingt champions s'élancent :
Pour soutenir leur choc les chanoines s'avancent.   130
La Discorde triomphe, et du combat fatal
Par un cri donne en l'air l'effroyable signal.
  Chez le libraire absent tout entre, tout se mêle :
Les livres sur Évrard fondent comme la grêle
Qui dans un grand jardin, à coups impétueux,   135
Abat l'honneur naissant des rameaux fructueux.
Chacun s'arme au hasard du livre qu'il rencontre :
L'un tient l'*Édit d'Amour*, l'autre en saisit la *Montre* [2] :
L'un prend le seul *Jonas* [3] qu'on ait vu relié ;
L'autre un *Tasse* français [4] en naissant oublié.   140

sœur de Georges de Scudéry, née au Havre en 1607, morte à Paris en 1701. — *Un volume écarté* des autres volumes.

1. *Artamène.* Mlle de Scudéry prit pour sujet d'un roman qui n'a pas moins de dix tomes le fameux roi de Perse Cyrus, né vers 599 avant J. C. et mort dans un âge avancé. Elle fait voyager ce prince sous le nom d'Artamène, et lui fait débiter mille fadeurs galantes, fort à la mode dans le grand monde au siècle de Louis XIV.

2. *L'Édit d'Amour*, petit poëme de l'abbé Regnier-Desmarets, et l'un de ses meilleurs ouvrages en vers français. Il réussit beaucoup mieux dans la poésie italienne, et fit passer, en Italie même, une de ses pièces pour être de Pétrarque. Il n'eût pas fait passer ses vers français sous le nom d'un grand poëte, a dit Voltaire. — *La Montre d'Amour*, ouvrage en vers et en prose, par Bonnecorse, né à Marseille et mort en 1706. Il publia aussi *le Lutringot*, parodie du *Lutrin*, pour se venger des épigrammes de Boileau.

3. *Jonas* ou *Ninive pénitente*, poëme publié en 1663 par Jacques Coras, né vers 1630, mort en 1677, auteur de plusieurs autres poëmes, *Josué*, *Samson*, *David*, et du *Satirique berné*, ouvrage en prose et en vers.

4. *Michel Le Clerc*, de l'Académie française, né en 1622, mort en 1691, avait publié en 1687, in-4°, la traduction en vers français des cinq premiers chants de la *Jérusalem délivrée* du

L'élève de Barbin , commis à la boutique,
Veut en vain s'opposer à leur fureur gothique ;
Les volumes , sans choix à la tête jetés,
Sur le perron poudreux [1] volent de tous côtés :
Là , près d'un Guarini , Térence [2] tombe à terre :   145
Là , Xénophon dans l'air heurte contre un La Serre [3].
Oh ! que d'écrits obscurs, de livres ignorés,
Furent en ce grand jour de la poudre tirés !
Vous en fûtes tirés , *Almérinde et Simandre* [4] :
Et toi , rebut du peuple , inconnu *Caloandre* [5] ;   150

Tasse. Parmi les pièces de théâtre de Le Clerc se trouve une *Iphi-génie* qu'il fit représenter six mois après celle de Racine; mais elle n'obtint aucun succès. — *Torquato Tasso,* l'un des plus grands poëtes de l'Italie , né à Sorrento le 11 mars 1544, mort à Rome le 25 avril 1595.

1. On l'a appelé, dit Brossette, *la plaine de Barbin* depuis la publication du *Lutrin*, à cause de la bataille qui est décrite ici.

2. *Guarini* (Jean-Baptiste), né à Ferrare le 10 décembre 1537, mort à Venise le 4 octobre 1612, auteur de comédies, de satires, de sonnets, de traités politiques réunis en quatre volumes in-8°, dans l'édition de 1737. Boileau ne veut critiquer ici que *le Berger fidèle* (*il Pastor fido*), tragi-comédie pastorale, représentée à Turin en 1585, traduite dans presque toutes les langues de l'Europe, mais offrant, à côté de ses beautés, des bizarreries, de la recherche, de l'affectation, des abus d'esprit, tous défauts en opposition avec le naturel de Térence. — *Térence*, poëte comique latin, né à Carthage l'an 561, partit à 35 ans pour la Grèce, et mourut dans ce voyage. Il nous reste de cet élégant écrivain six comédies qui furent représentées à Rome, de l'an 588 à l'an 594 de la fondation de cette ville.

3. *Xénophon*, d'Athènes, surnommé l'Abeille attique, auteur de la *Cyropédie*, de la *Retraite des dix mille* et d'autres ouvrages, naquit 452 ans et mourut 360 ans avant Jésus-Christ. — *La Serre*, né vers 1600, mort en 1665, composa des pièces de théâtre qui obtinrent un succès extraordinaire; il donna aussi un ouvrage sur l'art épistolaire, qui, en moins de vingt ans, eut trente éditions toutes épuisées.

4. Petit roman publié en 1646, et dont l'auteur est tout à fait inconnu.

5. Roman fameux de Jean-Ambroise Marini, né à Gênes vers le commencement du dix-septième siècle, mort à Venise vers 1650. La première partie parut en 1640, sous le titre de *Eudimiro creduto Uranio*; la seconde fut publiée, l'année suivante, sous le titre de *Caloandro sconosciuto*, et la totalité de l'ouvrage fut mise au jour en 1652, avec le titre que le poëme a conservé depuis, *Il Caloandro fedele*. Scudéry n'en traduisit qu'une partie,

Dans ton repos, dit-on, saisi par Gaillerbois[1],
Tu vis alors le jour pour la première fois.
Chaque coup sur la chair laisse une meurtrissure ;
Déjà plus d'un guerrier se plaint d'une blessure.
D'un Le Vayer épais Giraut[2] est renversé :   155
Marineau, d'un Brébeuf[3] à l'épaule blessé,
En sent par tout le bras une douleur amère,
Et maudit la *Pharsale* aux provinces si chère.
D'un Pinchêne in-quarto Dodillon étourdi[4]

et c'est la traduction seule que Boileau attaque ici, car l'ouvrage
original est plein d'imagination, l'intrigue en est attachante, et
les caractères sont développés avec art. Il a fourni à Thomas Corneille le sujet de sa tragédie de *Timocrate*, et à La Calprenède le
meilleur épisode de son roman de *Cléopâtre*.

1. *Pierre Tardieu*, sieur de Gaillerbois, chanoine de la Sainte-
Chapelle, était mort en 1656 : il était frère du lieutenant-criminel
Tardieu, si fameux par son avarice et par sa mort tragique.

2. *Le Vayer* ; il s'agit ici du père, Lamothe Le Vayer, né en
1588, et qui mourut en 1672. Il avait composé une foule d'ouvrages sur l'histoire, la littérature, la morale et la politique. Une
partie de ses œuvres formait deux énormes in-folio : c'est plutôt
encore sur le format que sur les ouvrages mêmes que porte ici le
reproche d'épaisseur. C'est au fils, à l'abbé Le Vayer, né en
1629, mort en 1664, membre de l'Académie française et précep-
teur de Monsieur, frère de Louis XIV, que Boileau adresse sa
quatrième satire. Le Vayer fils publia, en 1656, sous le nom de
Philippe de France, une traduction de Florus, qu'il accompagna
d'un commentaire. — *Giraut* est un nom imaginaire ; on ne sait
du moins à qui l'appliquer.

3. *Marineau*, l'un des chantres de la Sainte-Chapelle. — *Brébeuf*, né au château de Brébeuf, près de Thorigny (Manche), en
1618, mort en 1661. Son principal ouvrage est la traduction en
vers français de la *Pharsale* de Lucain ; elle eut plusieurs éditions.
Il publia encore : *Entretiens solitaires ou méditations pieuses
en vers français*, Rouen, 1660 ; *Poésies diverses*, 1662, et autres
ouvrages. C'est à Brébeuf que l'on doit cette définition de l'écriture, qui sera toujours citée :

> . . . . . . Cet art ingénieux
> De peindre la parole et de parler aux yeux,
> Et, par des traits divers de figures tracées,
> Donner de la couleur et du corps aux pensées.

4. *Étienne Martin*, sieur de Pinchêne, écuyer, neveu de
Voiture, auteur de poésies plus que médiocres publiées en 1670
et les années suivantes. Comme il se nommait Martin, c'est mal
à propos que Delille l'a confondu avec un autre Martin, assez

A longtemps le teint pâle et le cœur affadi.   160
Au plus fort du combat le chapelain Garagne [1]
Vers le sommet du front atteint d'un *Charlemagne* [2]
(Des vers de ce poëme effet prodigieux !),
Tout prêt à s'endormir, bâille et ferme les yeux.
A plus d'un combattant la *Clélie* [3] est fatale :   165
Giraut dix fois par elle éclate et se signale.
Mais tout cède aux efforts du chanoine Fabri [4].
Ce guerrier, dans l'église aux querelles nourri,
Est robuste de corps, terrible de visage,
Et de l'eau dans son vin n'a jamais su l'usage [5].   170
Il terrasse lui seul et Guibert et Grasset,
Et Gorillon la basse, et Grandin le fausset [6],

mauvais traducteur des *Géorgiques*. — *Dodillon*, chantre de la
Sainte-Chapelle, était mort avant l'événement du Lutrin : il était
devenu imbécile dans les dernières années de sa vie.

1. Le chapelain *Garagne* est un personnage supposé.

2. Le poëme de *Charlemagne*, qui parut en 1664, fut dédié
au prince de Condé par son auteur, Louis Le Laboureur, né
vers 1615 à Montmorency, où il mourut en 1679. Il débute par
ces deux vers emphatiques :

> Premier prince du sang du plus grand roi du monde,
> Courage sans pareil, lumière sans seconde.

Charlemagne n'a guère mieux inspiré un poëte plus moderne,
M. le vicomte d'Arlincourt, qui vient de mourir ; car la même en-
flure se retrouve dans la *Caroléide*, témoin ces deux vers :

> Ce prince généreux, par de constants efforts,
> De l'acier des vertus semble barder son corps.

3. *Clélie*, roman en dix volumes de Mᵐᵉ de Scudéry. Chacun
de ces dix volumes sert de projectile à Giraut ; c'est pour cela que
Boileau met au vers suivant :

> Giraut *dix fois* par elle éclate et se signale.

4. *Fabri*, nom supposé.

5. C'est le plus beau trait de l'éloge que fait Tassoni du brave
Jaconia, le Nisus de *la Secchia rapita* : c'était, dit-il, le meilleur des amis, et jamais il n'avait mis d'eau dans son vin :

> E non bevea giammai vino inacquato.
>
> (Canto VI, Stro. 60.)

6. *Gorillon* et *Grandin* sont des noms supposés. — *La basse,*

Et Gerbais l'agréable, et Guérin [1] l'insipide.

Des chantres désormais la brigade timide
S'écarte, et du palais regagne les chemins : 　　　　　　175
Telle, à l'aspect d'un loup, terreur des champs voisins,
Fuit d'agneaux effrayés une troupe bêlante;
Ou tels devant Achille, aux campagnes du Xanthe [2],
Les Troyens se sauvaient à l'abri de leurs tours ;
Quand Brontin à Boirude adresse ce discours : 　　　　　180
　« Illustre porte-croix, par qui notre bannière
N'a jamais en marchant fait un pas en arrière,
Un chanoine, lui seul triomphant du prélat,
Du rochet à nos yeux ternira-t-il l'éclat ?
Non, non : pour te couvrir de sa main redoutable, 　　　185
Accepte de mon corps l'épaisseur favorable.
Viens, et, sous ce rempart, à ce guerrier hautain
Fais voler ce Quinault [3] qui me reste à la main. »
A ces mots, il lui tend le doux et tendre ouvrage.
Le sacristain, bouillant de zèle et de courage, 　　　　190
Le prend, se cache, approche, et, droit entre les yeux,
Frappe du noble écrit l'athlète audacieux.
Mais c'est pour l'ébranler une faible tempête :
Le livre sans vigueur mollit contre sa tête.

celui qui chante la partie de Lasse : or, la basse est celle des
parties qui ne fait entendre que les sons les plus graves des accords
dont se compose l'harmonie musicale, et qui, par conséquent, est
la plus basse de toutes. — *Le fausset*, note de dessus que la poi-
trine ne fournit plus et qu'on tire de la tête.

1. *Gerbais* et *Guérin* sont des noms supposés.

2. *Achille*, fils de Pélée et de Thétis, roi de la Phthiotide, en
Thessalie, et le plus brave des héros grecs qui suivirent Agamemnon au siége de Troie. — *Le Xanthe* ou *Scamandre*, cou-
rant d'eau peu considérable dans la Troade (Asie Mineure). Il sortait du mont Ida, s'unissait au Simoïs, ruisseau son tributaire,
et se jetait dans la mer Égée, près du promontoire de Sigée. Certains mythologues distinguent le Xanthe du Scamandre ; mais
Aristote, suivi par Élien et par Pline, proclame les deux noms
synonymes, et dit que le Scamandre s'appela Xanthe (blond),
parce qu'il donnait la couleur fauve à la toison des brebis qui
buvaient de ses eaux.

3. *Quinault*, né à Paris le 3 juin 1635, mort le 26 novembre
1688, est l'auteur d'un grand nombre de tragédies, de tragi-co-
médies et de comédies, assez faibles, si l'on en excepte la char-
mante comédie de la *Mère coquette*. Mais ses opéras et surtout
son *Armide* sont ses plus beaux titres de gloire littéraire.

Le chanoine les voit, de colère embrasé ;   195
« Attendez, leur dit-il, couple lâche et rusé,
Et jugez si ma main, aux grands exploits novice,
Lance à mes ennemis un livre qui mollisse. »
A ces mots, il saisit un vieil *Infortiat* [1]
Grossi des visions d'Accurse et d'Alciat [2],   200
Inutile ramas de gothique écriture,
Dont quatre ais mal unis formaient la couverture,
Entourée à demi d'un vieux parchemin noir,
Où pendait à trois clous un reste de fermoir.
Sur l'ais qui le soutient auprès d'un Avicenne [3],   205

1. L'*Infortiat* est la seconde partie du Digeste ou Pandectes de Justinien. Elle a été ainsi nommée, parce que, formant la partie du milieu de l'ouvrage, elle se trouve soutenue et comme *fortifiée* par les deux autres. P. Corneille a dit dans le *Menteur*, acte I, scène 6 :

> Le Digeste nouveau, le vieux, l'Infortiat ;
> Ce qu'en a dit Jason, Balde, Accurse, Alciat.

2. *Accurse* (en italien *Accorso*), célèbre jurisconsulte né à Florence en 1151, mort à Bologne en 1229, fut le premier qui réunit en un corps d'ouvrage (sous le titre de *grande Glose*, ou *Glose continue d'Accurse*) toutes les discussions éparses de ses prédécesseurs sur le droit romain. Il jouissait d'une si grande réputation, que les écrivains des douzième et treizième siècles l'appelèrent *l'idole des jurisconsultes*, et que De Ferrière, Terrasson et Cujas même ne balancèrent pas, dans la suite, à le mettre au-dessus du fameux Barthole. — *André Alciat* (d'*Alzato*, bourg du Milanais, d'où il tirait son origine), autre savant jurisconsulte, né le 8 mai 1492, mort à Pavie en 1550. Peu d'hommes ont réuni autant de connaissances et les ont portées à un si haut degré. Il n'y a, suivant l'expression de Terrasson, aucun jurisconsulte à qui les amateurs de la belle jurisprudence aient autant d'obligations. Les lettres grecques et latines ne lui en ont pas moins. Ses *Emblèmes*, en vers latins, eurent longtemps une célébrité classique : ils sont, en général, fort ingénieux, d'une latinité pure, et agréablement versifiés. Scaliger en fait l'éloge dans sa *Poétique*, liv. VI; et plusieurs savants ont pris la peine de les commenter.

3. *Avicenne*, ou plutôt *Ibn-Sina*, le plus célèbre des médecins arabes, naquit vers la fin du dixième siècle, en 978. Doué d'une mémoire prodigieuse et d'une rare facilité, il s'appliqua à toutes les sciences, et composa sur toutes des ouvrages dont chacun semble avoir dû remplir toute la vie d'un homme laborieux. Mais c'est surtout comme médecin qu'il fut, pendant près de dix

Deux des plus forts mortels l'ébranleraient à peine :
Le chanoine pourtant l'enlève sans effort,
Et sur le couple pâle, et déjà demi-mort,
Fait tomber à deux mains l'effroyable tonnerre.
Les guerriers de ce coup vont mesurer la terre,   210
Et, du bois et des clous meurtris et déchirés,
Longtemps, loin du perron, roulent sur les degrés.
    Au spectacle étonnant de leur chute imprévue,
Le prélat pousse un cri qui pénètre la nue.
Il maudit dans son cœur le démon des combats,   215
Et, de l'horreur du coup, il recule six pas.
Mais bientôt, rappelant son antique prouesse,
Il tire du manteau sa dextre [1] vengeresse ;
Il part, et, de ses doigts saintement allongés,
Bénit tous les passants, en deux files rangés [2].   220
Il sait que l'ennemi, que ce coup va surprendre,
Désormais sur ses pieds ne l'oserait attendre,
Et déjà voit pour lui tout le peuple en courroux
Crier aux combattants : « Profanes, à genoux [3] ! »
Le chantre, qui de loin voit approcher l'orage [4],   225

siècles, l'oracle des écoles de l'Europe. Aucun homme, depuis Ga-
lien et Aristote, n'a exercé dans la science un empire si absolu. Il
mourut en 1037 ou 1053, empoisonné par un de ses esclaves, qui
avait mêlé une forte dose d'opium à la potion qu'il prenait pour
calmer les attaques d'épilepsie auxquelles il était sujet.

   1. *Sa main droite* serait très-prosaïque ; sa *dextre* (*dextera*),
un des vieux mots de la langue ainsi rajeuni, est poétique et plaisant.

   2. Dans *la Secchia rapita*, le nonce du pape bénit également,
du haut des remparts de Bologne, les troupes qui défilent devant
lui.

   3.   Quando la gente vide quei crocioni ;
              Subito le ginocchia in terra stese,
              Gridando : Viva il papa, et bonsignore !

                                        (Canto VI, Stro. 30.)

   « A cette vue, le peuple mettait le genou en terre pour recevoir
ces bénédictions, et criait : Vive le pape ! vive monseigneur le
nonce ! »

   4. Chapelain, que Boileau critique et qu'il imite cependant,
a dit :

              L'infortuné guerrier, contre ce double orage,
              Vainement dans son sein recherche du courage

Dans son cœur éperdu cherche en vain du courage :
Sa fierté l'abandonne, il tremble, il cède, il fuit.
Le long des sacrés murs [1] sa brigade le suit :
Tout s'écarte à l'instant, mais aucun n'en réchappe ;
Partout le doigt vainqueur les suit et les rattrape.   230
Évrard seul, en un coin prudemment retiré,
Se croyait à couvert de l'insulte sacré [2] ;
Mais le prélat vers lui fait une marche adroite :
Il l'observe de l'œil ; et tirant vers la droite,
Tout d'un coup tourne à gauche, et d'un bras fortuné, 235
Bénit subitement le guerrier consterné.
Le chanoine, surpris de la foudre mortelle [3],
Se dresse, et lève en vain une tête rebelle :
Sur ses genoux tremblants il tombe à cet aspect,
Et donne à la frayeur ce qu'il doit au respect.   240
Dans le temple aussitôt le prélat, plein de gloire,
Va goûter les doux fruits de sa sainte victoire ;
Et de leur vain projet les chanoines punis
S'en retournent chez eux, éperdus et bénis.

1. *Sacrés murs;* voyez la note 1 de la page 31.
2. *Insulte* était masculin, puisque le *Dictionnaire de l'Académie* (1694) le fait de ce genre, en observant que *plusieurs* le font féminin. Il est aujourd'hui de ce dernier genre seulement. D'autres prétendent qu'*insulte* a toujours été féminin, même du temps de Boileau. Brossette (*Lettre du* 10 *août* 1706) proposa ses doutes à l'auteur, qui ne répondit pas à la difficulté; et Brossette n'osa point relever la faute.
3. *Mortelle,* non pas qui donne la mort, mais qui part d'un mortel.

CHANT VI.

Tandis que tout conspire à la guerre sacrée,
La Piété sincère, aux Alpes retirée [1],
Du fond de son désert entend les tristes cris
De ses sujets cachés dans les murs de Paris.
Elle quitte à l'instant sa retraite divine ;   5
La Foi, d'un pas certain, devant elle chemine ;
L'Espérance au front gai l'appuie et la conduit ;
Et, la bourse à la main, la Charité [2] la suit.
Vers Paris elle vole, et d'une audace sainte,
Vient aux pieds de Thémis proférer cette plainte :   10
« Vierge, effroi des méchants, appui de mes autels,
Qui, la balance en main, règles tous les mortels,
Ne viendrai-je jamais en tes bras salutaires
Que pousser des soupirs et pleurer mes misères ?
Ce n'est donc pas assez qu'au mépris de tes lois   15
L'Hypocrisie [3] ait pris et mon nom et ma voix ;
Que, sous ce nom sacré, partout ses mains avares
Cherchent à me ravir crosses, mitres, tiares [4] !

1. Les *Alpes*, hautes montagnes d'Europe, qui séparent l'Italie
de la France, de la Suisse et de l'Allemagne, commencent au golfe
de Gênes près de Nice, et s'étendent l'espace d'environ trois cent
quarante lieues jusqu'au golfe de Carnero, qui fait partie du golfe de
Venise, allant se rattacher aux montagnes de l'Autriche et de la
Hongrie. — *Retirée*, dans la grande *Chartreuse*, fondée en 1084
ou 1086 par saint Bruno, dans le désert appelé la Chartreuse, à
vingt-quatre kilomètres de Grenoble (Isère). C'est une étroite vallée,
dominée par deux rochers escarpés, couronnés de bois, et couverts,
une grande partie de l'année, de neige et de brouillards épais. Ce
fut là que Bruno et ses compagnons construisirent un oratoire, se
bâtirent de petites cellules isolées, et jetèrent les fondements de
l'un des ordres monastiques devenus les plus célèbres par la suite.
En 1132 on construisit de nouveaux bâtiments, qui furent in-
cendiés et rebâtis à huit époques successives; les derniers datent
de 1676.
2. Ces trois vertus ont été nommées les vertus théologales.
3. *Hypocrisie*, ὑποκρισία ou ὑπόκρισις (ὑποκρίνομαι, je feins).
4. *Crosse* et *mitre* signifient, par métonymie, la dignité d'évêque, et *tiare* se prend pour la papauté. La tiare est un bonnet
orné de trois couronnes que le pape porte dans certaines cérémonies. Divers peuples de l'Orient portaient autrefois la tiare.
Voyez la note 4 de la page 7.

Faudra-t-il voir encor cent monstres furieux
Ravager mes États usurpés à tes yeux !   20
Dans les temps orageux de mon naissant empire,
Au sortir du baptême on courait au martyre [1].
Chacun, plein de mon nom, ne respirait que moi :
Le fidèle, attentif aux règles de sa loi,
Fuyant des vanités la dangereuse amorce,   25
Aux honneurs appelé, n'y montait que par force :
Ces cœurs, que les bourreaux ne faisaient point frémir,
A l'offre d'une mitre étaient prêts à gémir ;
Et, sans peur des travaux, sur mes traces divines,
Couraient chercher le ciel au travers des épines.   30
Mais, depuis que l'Église eut, aux yeux des mortels,
De son sang en tous lieux cimenté ses autels,
Le calme dangereux succédant aux orages,
Une lâche tiédeur s'empara des courages [2] :
De leur zèle brûlant l'ardeur se ralentit ;   35
Sous le joug des péchés leur foi s'appesantit ;
Alors de tous les cœurs l'union fut détruite.
Dans mes cloîtres [3] sacrés la Discorde introduite
Y bâtit de mon bien ses plus sûrs arsenaux,
Traîna tous mes sujets au pied des tribunaux.   40
En vain à ses fureurs j'opposai mes prières ;
L'insolente, à mes yeux, marcha sous mes bannières.
    Pour éviter l'affront de ces noirs attentats,
Je vins chercher le calme au séjour des frimas,
Sur ces monts entourés d'une éternelle glace,   45
Où jamais au printemps les hivers n'ont fait place.
Mais, jusque dans la nuit de mes sacrés déserts,
Le bruit de mes malheurs fait retentir les airs.
Aujourd'hui même encore une voix trop fidèle
M'a d'un triste désastre apporté la nouvelle :   50

1. Louis Racine a dit dans le poëme de la *Religion :*

    Dans ces temps où la foi conduisait aux supplices,
    D'un troupeau condamné glorieuses prémices,
    Les pasteurs ne briguaient qu'un supplice plus grand.
    Tel fut chez les chrétiens l'honneur du premier rang.

2. *Courages ;* voyez la note 1 de la page 24.
3. *Cloître,* partie d'un monastère où sont les cellules, est pris
ici pour le monastère tout entier.

J'apprends que, dans ce temple où le plus saint des rois [1]
Consacra tout le fruit de ses pieux exploits,
Et signala pour moi sa pompeuse largesse [2],
L'implacable Discorde et l'infâme Mollesse,
Foulant aux pieds les lois, l'honneur et le devoir,   55
Usurpent en mon nom le souverain pouvoir.
Souffriras-tu, ma sœur, une action si noire ?
Quoi ! ce temple, à ta porte, élevé pour ma gloire,
Où jadis des humains j'attirais tous les vœux,
Sera de leurs combats le théâtre honteux !   60
Non, non ! il faut enfin que ma vengeance éclate :
Assez et trop longtemps l'impunité les flatte.
Prends ton glaive, et, fondant [3] sur ces audacieux,
Viens aux yeux des mortels justifier les cieux. »
Ainsi parle à sa sœur cette vierge enflammée :   65
La grâce est dans ses yeux d'un feu pur allumée.
Thémis sans différer lui promet son secours,
La flatte, la rassure, et lui tient ce discours :
« Chère et divine sœur, dont les mains secourables
Ont tant de fois séché les pleurs des misérables,   70
Pourquoi toi-même, en proie à tes vives douleurs,
Cherches-tu sans raison à grossir tes malheurs ?
En vain de tes sujets l'ardeur est ralentie ;
D'un ciment éternel ton Église est bâtie,
Et jamais de l'enfer les noirs frémissements   75
N'en sauraient ébranler les fermes fondements [4].

1. *Saint Louis*, fondateur de la Sainte-Chapelle, achevée en
1245, sur les dessins et sous la direction de Pierre de Montereau
ou Montreuil, le plus célèbre architecte de son temps. Cette église
était destinée à remplacer l'Oratoire ou chapelle que Louis le Gros
avait fait bâtir au même endroit. La dédicace de la Sainte-Chapelle n'eut lieu qu'au mois d'avril 1248. Elle subit aujourd'hui
une restauration complète.

2. Ce magnifique édifice avait coûté quarante mille livres, huit
cent mille francs environ de notre monnaie actuelle ; les reliques,
et les châsses dans lesquelles on les déposa, cent mille livres, c'est-
à-dire deux millions.

3. *Fondant* est ici le participe présent du verbe *fondre*. Il ne
faudrait pas le prendre pour le participe présent de *fonder*.

4. Ce sont les propres paroles de Jésus-Christ à saint Pierre :
« Tu es Pierre, et sur cette *pierre* je bâtirai mon Église, et les
portes de l'enfer ne prévaudront point contre elle. » (*Saint Mat-
thieu*, chap. XVI, vers 18.)

Au milieu des combats, des troubles, des querelles,
Ton nom encor chéri vit au sein des fidèles.
Crois-moi, dans ce lieu même où l'on veut t'opprimer,
Le trouble qui t'étonne est facile à calmer,   80
Et, pour y rappeler la paix tant désirée,
Je vais t'ouvrir, ma sœur, une route assurée.
Prête-moi donc l'oreille et retiens tes soupirs.
   « Vers ce temple fameux [1], si cher à tes désirs,
Où le ciel fut pour toi si prodigue en miracles,   85
Non loin de ce palais où je rends mes oracles [2],
Est un vaste séjour des mortels révéré,
Et de clients soumis à toute heure entouré.
Là, sous le faix pompeux de ma pourpre honorable,
Veille au soin de ma gloire un homme incomparable [3],   90
Ariste [4], dont le ciel et Louis ont fait choix
Pour régler ma balance et dispenser mes lois.
Par lui dans le barreau sur mon trône affermie,
Je vois hurler en vain la Chicane ennemie;
Par lui la vérité ne craint plus l'imposteur,   95

1. La Sainte-Chapelle.

2. Ce fut, selon Hadrien de Valois, la crainte des Normands qui obligea Eudes et les princes ses successeurs de transférer leur demeure dans la Cité, et d'y bâtir ce que nous avons appelé depuis *le Palais*. Jusqu'alors nos rois avaient habité celui *des Thermes*, ou *des Bains*, fondé par les vieux Romains, et debout encore sur vingt siècles de ruines. Quant au *Palais*, il n'est plus depuis long-temps la demeure des rois, mais il est toujours le temple de la justice ; ce n'est pas avoir changé de destination : « Car, dit Montaigne (liv. III, chap. 6), la royauté semble consister le plus en la justice. » — *Oracles*, métaphore pour *arrêts*.

3. Guillaume de Lamoignon, issu d'une des plus nobles et des plus anciennes familles du Nivernais, naquit en 1617. Il fut reçu premier président le 2 octobre 1658, et ce fut à lui que Louis XIV adressa ces paroles flatteuses, tant répétées depuis : « Si j'avais connu un plus homme de bien et un plus digne sujet, je l'aurais choisi. » Le choix et l'éloge furent également justifiés par le zèle, l'intégrité et les lumières de ce grand magistrat. Il mourut le 10 décembre 1677, six ans avant la publicité du noble et touchant hommage que Boileau rend ici à sa mémoire. Fléchier prononça son oraison funèbre, le 18 février 1679, dans l'église de Saint-Nicolas du Chardonnet.

4. *Ariste*, du grec ἄριστος, le meilleur. Ce pseudonyme ne pouvait être mieux choisi.

Et l'orphelin n'est plus dévoré du tuteur [1].
Mais pourquoi vainement t'en retracer l'image ?
Tu le connais assez ; Ariste est ton ouvrage :
C'est toi qui le formas dès ses plus jeunes ans :
Son mérite sans tache est un de tes présents.   100
Tes divines leçons, avec le lait sucées,
Allumèrent l'ardeur de ses nobles pensées.
Va le trouver, ma sœur : à ton auguste nom,
Tout s'ouvrira d'abord en sa sainte maison.
Ton visage est connu de sa noble famille ;   105
Tout y garde tes lois, enfants, sœur, femme, fille [2].
Tes yeux d'un seul regard sauront le pénétrer ;
Et, pour obtenir tout, tu n'as qu'à te montrer. »
    Là s'arrête Thémis. La Piété charmée
Sent renaître la joie en son âme calmée.   110
Elle court chez Ariste, et s'offrant à ses yeux :
    « Que me sert, lui dit-elle, Ariste, qu'en tous lieux
Tu signales pour moi ton zèle et ton courage,
Si la Discorde impie à ta porte m'outrage ?
Deux puissants ennemis, par elle envenimés,   115
Dans des murs autrefois si saints, si renommés,
A mes sacrés autels font un profane insulte [3],
Remplissent tout d'effroi, de trouble et de tumulte.
De leur crime à leurs yeux va-t'en peindre l'horreur :
Sauve-moi, sauve-les de leur propre fureur. »   120
    Elle sort à ces mots. Le héros [4] en prière
Demeure tout couvert de feux et de lumière.
De la céleste fille il reconnaît l'éclat,
Et mande au même instant le chantre et le prélat.

1. *Du tuteur :* on dirait, à présent, *par le tuteur.*
2. Boileau avait particulièrement en vue, dans ce vers, Madeleine de Lamoignon, sœur du premier président. Elle termina, le 14 avril 1687, à l'âge de soixante-dix-huit ans, une carrière ornée de toutes les vertus chrétiennes, exercées sans faste, et dans le véritable esprit de la religion.
3. Voyez la note 2 de la page 51.
4. *A ces mots. Le héros,* assonance à éviter. On a critiqué l'expression de *héros* appliquée à un magistrat qui va remplir un simple ministère de conciliation. L'Académie justifie complétement Boileau par la définition qu'elle donne du mot *héros :* « Il se dit, dans un sens plus général, de tout homme qui se distingue par l'élévation et la force du caractère, par une grande noblesse d'âme, par quelque haute vertu. »

Muse, c'est à ce coup que mon esprit timide 125
Dans sa course élevée a besoin qu'on le guide,
Pour chanter par quels soins, par quels nobles travaux,
Un mortel sut fléchir deux superbes rivaux.
Mais plutôt, toi qui fis ce merveilleux ouvrage [1],
Ariste, c'est à toi d'en instruire notre âge. 130
Seul tu peux révéler par quel art tout-puissant
Tu rendis tout à coup le chantre obéissant.
Tu sais par quel conseil rassemblant le chapitre,
Lui-même, de sa main, reporta le pupitre;
Et comment le prélat, de ses respects content, 135
Le fit du banc fatal enlever à l'instant [2].
Parle donc : c'est à toi d'éclaircir ces merveilles.
Il me suffit pour moi d'avoir su, par mes veilles,
Jusqu'au sixième chant pousser ma fiction,
Et fait d'un vain pupitre un second Ilion [3]. 140
Finissons. Aussi bien, quelque ardeur qui m'inspire,
Quand je songe au héros qu'il me reste à décrire,
Qu'il faut parler de toi, mon esprit éperdu
Demeure sans parole, interdit, confondu.
Ariste, c'est ainsi qu'en ce sénat illustre [4], 145
Où Thémis, par tes soins, reprend son premier lustre,
Quand la première fois un athlète nouveau
Vient combattre en champ clos aux joutes du barreau,

1. Cette conciliation du chantre et du trésorier.
2. Le premier président fit comprendre au trésorier que, ce pupitre n'ayant été placé, dans le principe, sur le banc du chantre que pour la commodité particulière de ce dernier, il n'était pas juste d'exiger que ses successeurs le souffrissent, s'il leur était incommode. Il fit consentir le chantre, de son côté, à remettre le pupitre devant son siége, et le trésorier à le faire enlever le lendemain; ce qui fut exécuté de part et d'autre. (*Brossette.*)
3. *Ilion*, ou *Troie*, ainsi appelée d'Ilus, un de ses premiers rois. Il régnait, dit-on, de 1402 à 1347 avant Jésus-Christ. — Tassoni, *la Secchia rapita*, chant I, strophe 2, avait dit :

Vedrai, s'al cantar mio porgi l'orecchia,
Elena transformarsi in una secchia.

Saint-Marc trouve une *Hélène changée en seau* beaucoup plus poétique qu'un *vain pupitre* devenu *un autre Ilion*. Les deux images, forcées toutes deux et puisées à la même source, se valent à peu près.
4. Le parlement de Paris.

Souvent sans y penser ton auguste présence,
Troublant par trop d'éclat sa timide éloquence, 150
Le nouveau Cicéron [1], tremblant, décoloré,
Cherche en vain son discours sur sa langue égaré :
En vain, pour gagner temps [2], dans ses transes affreuses,
Traîne d'un dernier mot les syllabes honteuses ;
Il hésite, il bégaye, et le triste orateur 155
Demeure enfin muet aux yeux du spectateur [3].

1. *Cicéron*, le prince des orateurs romains, né à Arpinum, 106 ans, assassiné à Gaëte, 43 ans avant Jésus-Christ.

2. On ne dirait plus *gagner temps*, mais *du temps*.

3. Le sixième chant du *Lutrin* a trop de discours et trop peu d'action : les personnages en sont trop graves pour un poëme héroï-comique. Il n'y a rien, et il ne peut plus y avoir rien de plaisant, dès que la Piété intervient. Or, on la voit ici sortir de la Grande Chartreuse, avec la Foi, l'Espérance et la Charité, et venir adresser un long discours de soixante et dix vers à Thémis sur les désordres de l'Église. Thémis, par un autre discours de quarante-quatre vers, lui conseille gravement d'avoir recours au premier président, cet homme pieux et incomparable. La Piété s'empresse alors de lui faire un discours, et laisse là *le héros en prière, couvert de feux et de lumière*. Dans tout cela, qui est saint et vénérable, on ne trouve plus rien qui se rapproche du ton plaisant et léger des cinq premiers chants. On n'y revient que dans les derniers vers ; mais il n'est plus temps. Malgré ce défaut, la versification du sixième chant est très-belle et très-soutenue. Le sujet semble avoir manqué à l'auteur. Il devait au moins faire reparaître quelques-uns des personnages des cinq premiers chants. Peut-être fallait-il que la Discorde, épouvantée du projet de la Piété, et continuant toujours son premier personnage, tentât les derniers efforts auprès du chantre et du prélat. Le chantre vaincu, aidé de la Chicane et enflammé par la Discorde, aurait déjà porté ses plaintes gravement ridicules au fameux concile, lorsque la Piété viendrait avec douleur lui adresser les siennes. La Chicane eût pâli et disparu ; et la Discorde en fureur, prévoyant sa défaite, eût passé du palais de Thémis dans quelque couvent (LE BRUN).

BIBLIOTHÈQUE NATIONALE R.F. IMPRIMÉS

BOILEAU. Œuvres poétiques, édition avec remarques et appréciations littéraires, par M. A. Dubois; 1 vol. in-12.—1 f. 50 c.

BOSSUET. Discours sur l'Histoire universelle, édition avec remarques et appréciations littéraires, par M. E. Lefranc; 1 vol. in-12. — 2 f. 50 c.

BOSSUET. Oraisons funèbres, édition avec remarques et appréciations littéraires, par M. P. Allain; 1 vol. in-12. — 1 f. 60 c.

BUFFON. Morceaux choisis, édition avec remarques et appréciations littéraires, par M. Rolland; 1 vol. in-12. — 1 f. 25 c.

FÉNELON. Aventures de Télémaque, édition avec remarques et appréciations littéraires, par M. P. Allain; 1 vol. in-12. — 1 f. 50 c.

FÉNELON. Dialogues des Morts, édition avec notes et remarques, par M. P. Longueville ; 1 vol. in-12. — 1 f. 60 c.

FÉNELON. Dialogues sur l'Éloquence, édition avec remarques et appréciations littéraires, par M. J. Girard; in-12. — 80 c.

FÉNELON. Lettre à l'Académie, suivie du Sermon sur l'Épiphanie, édition avec remarques et appréciations littéraires, par M. A. Dubois; in-12. — 1 f. 10 c.

LA BRUYÈRE. Caractères, édition avec remarques et appréciations littéraires, par M. J. Hellen; 1 vol. in-12. — 2 f. 50 c.

LA FONTAINE. Fables, édition avec remarques et appréciations littéraires, par M. Hégum de Guerle; 1 vol. in-12.—1 f. 60 c.

MASSILLON. Petit Carême, édition avec remarques et appréciations littéraires, par M. E. Lefranc 1 vol. in-12. — 1 f. 25 c.

MONTESQUIEU. Grandeur et décadence des Romains, édition avec remarques et appréciations littéraires, par M. P. Longueville, 1 vol. in-12. — 1 f. 25 c.

PASCAL. Pensées choisies, édition publiée d'après les manuscrits originaux, avec remarques et appréciations critiques, par M. P. Faugère; 1 vol. in-12. — 2 f. 50 c.

ROUSSEAU (J. B.). Œuvres lyriques, édition avec remarques et appréciations littéraires, par M. E. Pessonneaux; 1 vol. in-12. — 1 f. 25 c.

THÉATRE CLASSIQUE, comprenant neuf pièces; édition avec remarques, analyses et appréciations littéraires, par MM. Dubois, Geoffroy, Lefranc, etc.; 1 fort vol. in-12. — 3 f.

VOLTAIRE. Histoire de Charles XII, édition avec remarques et appréciations littéraires, par M. J. Genouille; 1 vol. in-12. — 1 f. 60 c.

VOLTAIRE. Siècle de Louis XIV, édition avec remarques et appréciations littéraires, par M. J. Genouille; 1 vol. in-12. — 2 f. 75 c.

www.ingramcontent.com/pod-product-compliance
Lightning Source LLC
LaVergne TN
LVHW022124080426
835511LV00007B/1004